telc

Einfach gut! International

Deutsch als Fremdsprache A2.2

Kurs- und Arbeitsbuch

Milena Angioni
Ines Hälbig

telc gGmbH
Bad Homburg

Einfach gut! International
Bearbeitung der internationalen Ausgabe Jessica Perl
Autorinnen Milena Angioni, Ines Hälbig
Mitarbeit Vicky Dreßler, Annette Frisch, Gabriele Hoff-Nabhani, Rotraud Koll, Andrea Neuhaus, Anastasia Proyss, Jacqueline Thommes
Phonetik Franca Malcharowitz, Anni Müller
Begutachtung Christian Gabriel-Junk, Hans Rohrer, Dorothee Thommes
Fotografie Jan Kocovski
Zeichnungen Lisa Frühbeis
Layout basierend auf dem Layout von Martina Weismann
Satz Graph & Glyphe /// Büro für Ausdrucksstärke
Layout der Tests Bernd Rohs
Tonaufnahmen Audimax Kreation in Bild und Ton GmbH
Marilyn Janssen und Gerd Nesgen / .ping Tonstudios (Köln)
ten7.ton.studio

Besonderer Dank gilt dem Bundesarbeitskreis Sprachen des Deutschen Volkshochschul-Verbands e.V. für seine wertvolle Unterstützung. Als ergänzende Online-Komponente empfehlen wir die vom Deutschen Volkshochschul-Verband entwickelte kostenlose Lernplattform *www.a2.vhs-lernportal.de.*

Darüber hinaus finden Sie weitere Informationen zum Lehrwerk unter: *www.telc.net/lehrmaterialien.*

1. Auflage 2024

www.telc.net
Printed in Germany

telc Order-Nr.: V01-4012-BAD-2301A
ISBN: 978-3-910223-11-0

Liebe Leserin, lieber Leser,

wir freuen uns, Ihnen **Einfach gut! International** zu präsentieren, das Grundstufenlehrwerk für den Einsatz in Deutschkursen weltweit. Es basiert auf dem bewährten Lehrwerk **Einfach gut!** und bereitet Lernende sprachlich auf ihr Leben in einem deutschsprachigen Land vor. Die Teilnehmenden lernen anhand vielfältiger Inhalte aus Alltag und Beruf, sich adäquat auf Deutsch zu verständigen und ihre Meinung zu äußern. Sie werden schrittweise an den Austausch über interkulturelle Erfahrungen herangeführt.

Einfach gut! International

- greift alle relevanten Themen zu Alltag und Beruf in zyklischer Progression auf.
- bereitet systematisch auf Aufgaben im Prüfungsformat vor.
- bietet viele Extras: Zwischentests zur Lernzielkontrolle, ein integriertes Kapitel zum Ausspracheträining und zusätzliche Übungen zum Lernwortschatz.
- orientiert sich konsequent am Gemeinsamen europäischen Referenzrahmen für Sprachen.
- enthält Übungstests zu den Sprachprüfungen auf den Niveaus A1, A2 und B1.

Einfach gut! International macht sowohl das Unterrichten als auch das Lernen so einfach wie möglich. Das Lehrwerk unterstützt Sie optimal bei der Vorbereitung Ihrer Kursteilnehmenden auf die Prüfungen zum Nachweis von Deutschkenntnissen für Aufenthalt, Einbürgerung oder Berufsanerkennung.

Der vorliegende Band ist der vierte von sechs Teilbänden unseres dreistufigen Lehrwerks. Zusammen mit A2.1 führt der Band A2.2 zu Niveau A2 und bereitet auf den Test *Start Deutsch 2/telc Deutsch A2* vor. Nach Abschluss dieses Bandes kann man sich bereits in routinemäßigen alltäglichen und beruflichen Situationen verständigen.

Die **Audiodateien**, die **Lösungen**, die **Hörtexte** und weitere **kostenlose Downloads** finden Sie im Downloadbereich auf unserer Webseite. Die Audiodateien finden Sie außerdem in der App **telc Deutsch-Box**, die Sie in Ihrem App-Store kostenlos herunterladen können.

Erfahrene Kursleiterinnen und Kursleiter haben uns bei der Entwicklung aller Produkte rund um **Einfach gut! International** beraten. Wir freuen uns, Ihnen mit **Einfach gut! International** ein Lehrwerk vorlegen zu können, das passgenau im DaF-Unterricht eingesetzt werden kann.

Viel Erfolg und Spaß wünscht Ihnen Ihr

Geschäftsführer telc gGmbH

Inhalt

Die wichtigsten Abkürzungen und Symbole

m. maskulin

f. feminin

n. neutral

Pl. Plural

Sg. Singular

-- keine Veränderung im Plural (z. B. Becher/--)

--- kein Artikel (z. B. ein Tisch/--- Tische)

leichtere Übung

anspruchsvollere Übung

richtig

falsch

1 Hörübung mit Trackangabe

1 Verweis auf eine Übung im Kursbuchteil

TIPP 1

Bilden Sie Wortfamilien.

gesund – die Gesundheit – der Gesundheitskurs
das Glück – glücklich

TIPP 2

Notieren Sie Gegensätze.

groß – klein
reich – arm

TIPP 3

Schreiben Sie einen interessanten Text aus dem Kursbuch ab. Lassen Sie dabei Wörter, die Sie wichtig finden, weg. Können Sie die Texte trotzdem lesen? Klappt das auch noch nach einer Woche?

Beispiel: Ein Schreiben an das Fitnessstudio

Sehr geehrte .... und Herren,

hiermit .... ich meine .... in Ihrem Fitnessstudio.
Bitte bestätigen Sie mir schriftlich meine ....

Vielen ....

.... Grüßen

TIPP 4

Nehmen Sie sich eine Lektion vor, die Ihnen nicht besonders gefallen hat. Schreiben Sie die Wörter heraus und notieren Sie zu jedem Wort ein positives Adjektiv.

TIPP 5

Lernen Sie nicht nur im Kurs.

Übersetzen Sie unterwegs Wörter, die Sie interessieren, auf Deutsch. Was sehen Sie, wenn Sie mit dem Bus fahren? Wie heißt das Gemüse, das sie heute kaufen? Benutzen Sie eine App oder ein kleines Wörterbuch, das in die Tasche passt. An welche Wörter können Sie sich am nächsten Tag noch erinnern? Und nach einer Woche?

TIPP 6

Hören Sie deutsche Radiosender per Livestream im Internet oder nutzen Sie deutschsprachige Podcasts.

Es macht nichts, wenn Sie nicht alles verstehen. Versuchen Sie, einzelne Wörter, Wendungen und Sätze zu verstehen und notieren Sie, was Sie hören.

TIPP 7

Schauen Sie sich Filme und Serien auf Deutsch an.

Lernen Sie doch mal bequem vor dem Fernseher! Über Streaming-Dienste können Sie viele Filme und Serien auch auf Deutsch anschauen. Viele Sender stellen in ihren Mediatheken und Youtube-Kanälen ebenfalls ihr Programm zur Verfügung. Am Anfang hilft es, wenn Sie die deutschen Untertitel einschalten. Später geht es vielleicht schon ohne!

Ein Einkaufsbummel

Was machen die Personen?

Wo sind sie?

Was tragen sie?

Was haben sie gekauft?

Wie viel haben sie bezahlt?

1 Die sind aber schön!

2 **a** Joana, Rabia und Karim machen einen Einkaufsbummel. Hören Sie den Dialog. Ist das richtig oder falsch?

		✓	✗
1	Karim, Joana und Rabia haben ein Geschenk gekauft.	☐	☐
2	Joanas Lieblingsfarbe ist Rot.	☐	☐
3	Karim mag Blau nicht so gern.	☐	☐
4	Karim möchte später ein Fußballspiel sehen.	☐	☐
5	Rabia gefällt eine Tasche.	☐	☐

bummeln
= langsam gehen

2 **b** Diese Wörter haben eine ähnliche Bedeutung wie das Wort *schön*. Welche Wörter benutzen Joana, Rabia und Karim? Hören Sie noch einmal und unterstreichen Sie.

wunderbar | wunderschön | klasse | schick | hübsch | super | toll | fantastisch

c Wann haben Sie zuletzt einen Einkaufsbummel gemacht? Was haben Sie gekauft/gesehen? Sprechen Sie im Kurs.

3 **d** Lesen Sie die Informationen in den Kästen. Ergänzen Sie. Hören Sie dann den Dialog und variieren Sie.

	Singular			Plural
Nominativ	**der** Rock	**die** Hose	**das** T-Shirt	**die** Schuhe
Akkusativ	**den** Rock	**die** Hose	**das** T-Shirt	**die** Schuhe

Gefällt dir **der Gürtel**? – Ja, **der** ist sehr schick.
Wie findest du **den Gürtel**? – **Den** finde ich toll.

▷ Siehst du .... **Schal** da im Schaufenster? Wie findest du ....?
▶ .... finde ich sehr schön, aber viel zu teuer. .... kostet 69 Euro.
▷ Stimmt. .... ist wirklich sehr teuer.

der Schal

49 €

die Sonnenbrille

261 €

der Pullover

25 €

die Turnschuhe

116 €

das T-Shirt

8 €

2 Ich brauche noch ein paar Sachen.

4 Hören Sie das Gespräch zweimal und beantworten Sie die Fragen.

1 Wohin möchte Karim? ....

2 Was möchte Karim vielleicht kaufen? Kreuzen Sie an.

☐ Fußballschuhe ☐ Turnschuhe ☐ Stiefel
☐ Flip-Flops ☐ Wanderschuhe ☐ Sonnenbrille
☐ Jogginghose ☐ Rucksack ☐ Badehose

ein Paar = zwei
(ein Paar Schuhe, ein Ehepaar)
ein paar = einige (2/3/4/5 ...)
(ein paar Sachen, ein paar Minuten)

3 Ein Schnäppchen!

> ein Schnäppchen
> = ein günstiges Angebot

a Farben und Muster. Schreiben Sie die Wörter unter die Bilder.

gepunktet | einfarbig | gestreift | schwarz-weiß | kariert | bunt

1  ....
2  ....
3 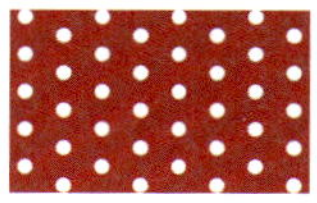 ....
4  ....
5  ....
6 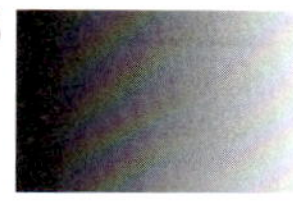 ....

b Hören Sie das Gespräch. Was kauft Karim? Kreuzen Sie an. 5

- ☐ die gestreiften Badeshorts
- ☐ die blauen Flip-Flops
- ☐ die schwarz-weißen Turnschuhe
- ☐ die karierten Badeshorts
- ☐ die roten Flip-Flops
- ☐ die roten Turnschuhe

c Hören Sie das Gespräch noch einmal und beantworten Sie die Fragen. 5

1 Was kosten die Badeshorts? ....

2 In welchen Größen gibt es die gestreiften Badeshorts? ....

3 Welche Schuhgröße hat Karim? ....

4 Wann hat Karim die schwarz-weißen Turnschuhe gekauft? ....

5 Wie viel kosten die roten Turnschuhe? ....

4 Das steht dir aber gut!

a Sehen Sie sich die Bilder an und ergänzen Sie die Formen im Nominativ.

	Singular			Plural
Nominativ	**der** rote Schal	**die** rote Jacke	**das** rote T-Shirt	**die** roten Schuhe
Akkusativ	**den** roten Schal	**die** rote Jacke	**das** rote T-Shirt	**die** roten Schuhe

1 *das graue T-Shirt*

2 ....

3 ....

4 ....

5 ....

6 ....

7 ....

8 ....

b Machen Sie Ihrer Partnerin/Ihrem Partner Komplimente.

__Das blaue Kleid__ steht dir wirklich gut.

Danke! __Den bunten Schal__ finde ich sehr schick.

5 Wo gibt es das?

EG = Erdgeschoss
OG = Obergeschoss

a Sie sind im Einkaufszentrum. Lesen Sie die Sätze und die Info-Tafel. Wo finden Sie die Dinge? Kreuzen Sie an.

1	Sie suchen ein Paar Ohrringe.	☐ EG	☐ 1. OG	☐ 3. OG
2	Sie möchten einen Hamburger essen.	☐ 1. OG	☐ 3. OG	☐ 4. OG
3	Sie wollen einen Fahrradhelm kaufen.	☐ EG	☐ 2. OG	☐ 3. OG
4	Sie interessieren sich für eine Kaffeemaschine.	☐ 1. OG	☐ 2. OG	☐ 3. OG

EINKAUFSZENTRUM WEST
Öffnungszeiten: Mo. – Sa. 10:00 Uhr – 20:00 Uhr

4. OG	Essen & Trinken	Internationale Spezialitäten, Fast Food, Snacks
3. OG	Kinder	Babyartikel, Kinderbekleidung, Spielwaren
	Sport	Bekleidung und Ausrüstung für Radsport, Laufsport, Wassersport, Fußball, Fitness, Wandern, Wintersport
2. OG	Elektronik	Computer, Telefone, Navigationsgeräte, Fernseher, Kameras, Hörbücher, DVDs, CDs, Küchengeräte
	Essen & Trinken	Kaffeespezialitäten, Kuchen, Eis, Süßigkeiten
1. OG	Parfümerie	Damendüfte, Herrendüfte, Hautpflege, Haarpflege, Naturkosmetik, Kosmetiktaschen, Make-up
	Uhren & Schmuck	Goldschmuck, Silberschmuck, Modeschmuck, Damenuhren, Herrenuhren, Wecker
EG	Damen & Herren	Bekleidung, Unterwäsche, Bademode, Accessoires, Schuhe, Taschen

b Lesen Sie die Info-Tafel noch einmal. Suchen Sie zusammengesetzte Wörter. Schreiben Sie Beispiele auf.

die Bademode, ...

die Mode + der Schmuck
= der Modeschmuck
(Nomen + Nomen)
laufen + der Sport
= der Laufsport (Verb + Nomen)

c Sie suchen eine Jacke/einen Film/ein Duschgel …
Fragen Sie und antworten Sie. Nutzen Sie dafür die Info-Tafel.

Entschuldigung. Wissen Sie, wo ich Jacken finde?

Im Erdgeschoss. In der Abteilung „Damen- und Herren“.

6 Im Elektromarkt

a Sehen Sie sich die Bilder an. Ergänzen Sie den unbestimmten Artikel.

~~ein~~ | eine | --- | ein

der Toaster
ein Toaster

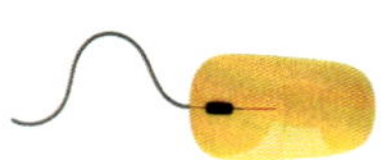

die Maus
....

das Navi
....

die Kopfhörer (Pl.)
....

b Wie heißt die richtige Form von *neu*?

~~ein neuer~~ | ein neues | neue | eine neue

ein neuer Toaster .... *Maus* .... *Navi* .... *Kopfhörer*

c Lesen Sie die Information im Kasten und die Dialoge. Markieren Sie Nominativ und Akkusativ.

	Singular			Plural
Nominativ	**ein** neuer Fernseher	**eine** neue CD	**ein** neues Handy	--- neue DVDs
Akkusativ	**einen** neuen Fernseher	**eine** neue CD	**ein** neues Handy	--- neue DVDs

d Hören Sie die beiden Dialoge. 6

1

▷ Wir brauchen **einen neuen Fernseher.**

▶ Muss das sein? **Ein neuer Fernseher** ist bestimmt sehr teuer.

2

▷ Guck mal, da ist **eine gute Kamera** im Angebot.

▶ Super! Ich suche schon lange **eine gute Kamera.**

e Variieren Sie die beiden Dialoge: Fernseher (groß); Kopfhörer (weiß); Navi (gut)

7 Polizei!

a Karim, Rabia und Joana sind auf dem Weg zum Essen. Plötzlich ein lauter Schrei! Was ist passiert? Hören Sie. 7

stehlen – gestohlen
der Dieb

b Zehn Minuten später ist die Polizei da, aber der Dieb ist weg. Der Polizist möchte wissen: Wie sieht der Dieb aus? Sehen Sie sich das Bild und die Beschreibungen an. Was passt?

Er ist
- ☐ groß.
- ☐ klein.
- ☐ dünn.
- ☐ schlank.
- ☐ dick.

Er hat
- ☐ dunkle
- ☐ blonde
- ☐ kurze
- ☐ lange — Haare.
- ☐ glatte
- ☐ lockige
- ☐ eine Glatze. (= keine Haare)

Er hat
- ☐ einen Bart.
- ☐ einen Schnurrbart.
- ☐ ein Tattoo.

Er hat
- ☐ braune
- ☐ blaue — Augen.
- ☐ grüne
- ☐ graue

c Welche Kleidung trägt der Dieb? Beschreiben Sie den Mann.

Der Dieb hat … an und er hat …

anhaben/tragen
Er **hat** ein einfarbiges T-Shirt **an**.
Er **trägt** ein einfarbiges T-Shirt.

d Beschreiben Sie eine Kursteilnehmerin/einen Kursteilnehmer. Die anderen raten.

Sie ist … und sie trägt …

8 Deutschland, Kartoffelland

a Was fällt Ihnen ein, wenn Sie an das Essen in Deutschland, Österreich oder der Schweiz denken?

b Sehen Sie sich die Fotos an. Was ist das? Ordnen Sie zu.

1 

2 

3 

4 

5 

- ☐ Backhendl mit Kartoffeln
- ☐ Rösti
- ☐ Schnitzel mit Bratkartoffeln
- ☐ Currywurst mit Pommes
- ☐ Steak mit Kartoffelecken

c Welches Gericht ist vegetarisch? Welche Gerichte sind mit Rindfleisch?

d Wie kann man Kartoffeln zubereiten? Ergänzen Sie.

braten | kochen | frittieren | backen

1 in Wasser ....

2 im Ofen ....

3 in Öl ....

4 in der Pfanne ....

9 Im Restaurant

8 **a** Die drei Freunde wollen im Restaurant Rosmarino noch etwas essen. Hören Sie das Gespräch. Ist das richtig oder falsch?

		✓	✗
1	Im Rosmarino ist kein Tisch mehr frei.	☐	☐
2	Karim hat Hunger.	☐	☐
3	Rabia bestellt eine große Cola.	☐	☐
4	Karim bestellt ein kleines Bier.	☐	☐
5	Karim muss noch Auto fahren.	☐	☐

Restaurant ROSMARINO
Internationale Küche

8 **b** Hören Sie noch einmal. Was sagt die Kellnerin? Kreuzen Sie an.

1 a ☐ Kann ich Ihnen etwas zu trinken bringen?
  b ☐ Möchten Sie etwas zu trinken bestellen?

2 a ☐ Haben Sie schon in die Speisekarte geschaut?
  b ☐ Möchten Sie auch etwas zu essen bestellen?

c Lesen Sie die Speisekarte. Hören Sie dann den Dialog. Was bestellt Rabia als Vorspeise? Und als Hauptgericht? Was bestellt Karim? 9

> die Vorspeise
> die Hauptspeise/das Hauptgericht
> die Nachspeise/der Nachtisch

SPEISEKARTE

Salate	*klein*	*groß*
Sommersalat – Gurke, Tomaten und rote Zwiebeln	4,10	6,50
Griechischer Salat – Schafskäse, Oliven, Peperoni und Zwiebeln	4,50	6,90
Suppen		
Ungarische Gulaschsuppe mit Paprika und Rindfleisch (scharf)	3,20	4,60
Frische Tomatensuppe mit Basilikum	2,80	4,30
Fleischgerichte		
Steak mit Kräuterbutter, dazu Pommes und Salat		15,50
Gegrillte Hähnchenbrust, dazu Kartoffelecken und Gemüse		11,30
Schweineschnitzel mit Champignons, dazu Bratkartoffeln		12,80
Vegetarische Gerichte		
Spaghetti mit Tomaten-Chilisauce (scharf)		8,50
Gemüselasagne mit Tomaten, Zucchini und Auberginen		9,90
Ofenkartoffel mit Kräuterquark und Salat		7,70
Süßes		
Warmer Apfelkuchen mit Vanilleeis*		3,70
Gemischtes Eis (Erdbeer, Vanille, Mango oder Schokolade)*		3,10
* Portion Sahne		0,50

d Hören Sie noch einmal. Was hören Sie? Kreuzen Sie an. 9

> ich habe – **hätte**
> du hast – **hättest** (gern/gerne)
> wir, sie/Sie haben – **hätten**

1 a ☐ Ich hätte gerne einen griechischen Salat.
  b ☐ Ich nehme einen griechischen Salat.
2 a ☐ Ich hätte gerne die Ofenkartoffel.
  b ☐ Ich nehme die Ofenkartoffel.
3 a ☐ Ich würde gerne die Gulaschsuppe probieren.
  b ☐ Ich möchte die Gulaschsuppe probieren.
4 a ☐ Würden Sie auch gerne eine Nachspeise bestellen?
  b ☐ Möchten Sie auch eine Nachspeise bestellen?

e Ihre Partnerin/Ihr Partner versteht einige Wörter auf der Speisekarte nicht. Helfen Sie ihr/ihm und erklären Sie, was die Wörter *Kräuterbutter*, *Bratkartoffeln* und *Spaghetti* bedeuten.

10 Wir möchten gerne etwas bestellen!

a Lesen Sie die Speisekarte noch einmal.
Welche Gerichte würden Sie gerne probieren? Warum?
Welche Gerichte würden Sie nicht essen? Warum nicht?

> ich bestelle – **würde bestellen**
> du bestellst – **würdest bestellen**
> wir, sie/Sie bestellen – **würden bestellen**

Ich würde gerne den Apfelkuchen probieren. Ich esse gerne Süßes.

Ich würde die Fleischgerichte nicht essen. Ich bin Vegetarier.

b Machen Sie mit Ihrer Partnerin/Ihrem Partner ein Rollenspiel.

Kellner/-in
Haben Sie schon in die Speisekarte geschaut?
Möchten Sie etwas zu trinken/essen bestellen?
Was hätten Sie gern? ...

Gast
Ja./Nein, einen Moment noch.
Ich hätte gern **einen Orangensaft**.
Ich möchte gern/Ich nehme **die Spaghetti**.

Sprachbausteine

Im Einkaufszentrum

der Einkaufsbummel, der Laden, das Geschäft, das Sportgeschäft, der Elektromarkt, die Parfümerie, das Modegeschäft, das Schmuckgeschäft, das Erdgeschoss, das Obergeschoss

Im Restaurant

die Speisekarte, die Vorspeise, die Hauptspeise/das Hauptgericht, die Nachspeise/der Nachtisch
Kann ich Ihnen etwas zu essen/zu trinken bringen?
Möchten Sie etwas zu essen/zu trinken bestellen?
Ich hätte gerne ... / Ich nehme einen kleinen Salat.
Ich würde gerne einen Nachtisch bestellen.

ein Paar (zwei) ≠ ein paar (einige)

Karim sucht **ein Paar** Turnschuhe.
Wir haben noch **ein paar** Minuten Zeit.

Komplimente machen

Der gelbe Mantel steht dir aber gut.
Die gepunktete Krawatte ist sehr schick.
Die steht dir wirklich gut.

Farben und Muster

einfarbig, bunt, schwarz-weiß, kariert, gestreift, gepunktet

Personen beschreiben

Er/Sie ist groß, klein, dünn, schlank, dick.
Er/Sie hat dunkle, blonde, kurze, lange, glatte, lockige Haare, eine Glatze.
Er/Sie hat einen Bart, einen Schnurrbart, ein Tattoo.
Er/Sie hat braune, blaue, grüne, graue Augen.

Grammatik

***der, die, das* als Demonstrativpronomen**

	Singular			Plural
	maskulin	**feminin**	**neutral**	
Nominativ	**der**	**die**	**das**	**die**
Akkusativ	**den**	**die**	**das**	**die**

Der Pullover ist toll. **Den** kaufe ich.
Welches Handy meinst du? **Das** da?
Die Stiefel kaufe ich nicht. **Die** sind zu teuer.

Adjektivdeklination bestimmter Artikel

	Singular			Plural
	maskulin	**feminin**	**neutral**	
Nominativ	**der** rote Schal	**die** rote Jacke	**das** rote T-Shirt	**die** roten Flip-Flops
Akkusativ	**den** roten Schal	**die** rote Jacke	**das** rote T-Shirt	**die** roten Flip-Flops

Adjektivdeklination unbestimmter Artikel

	Singular			Plural
	maskulin	**feminin**	**neutral**	
Nominativ	**ein** roter Schal	**eine** rote Jacke	**ein** rotes T-Shirt	--- rote Flip-Flops
Akkusativ	**einen** roten Schal	**eine** rote Jacke	**ein** rotes T-Shirt	--- rote Flip-Flops

Bei der Arbeit

Kollegen

Termine

Arbeit

Aufgaben

...

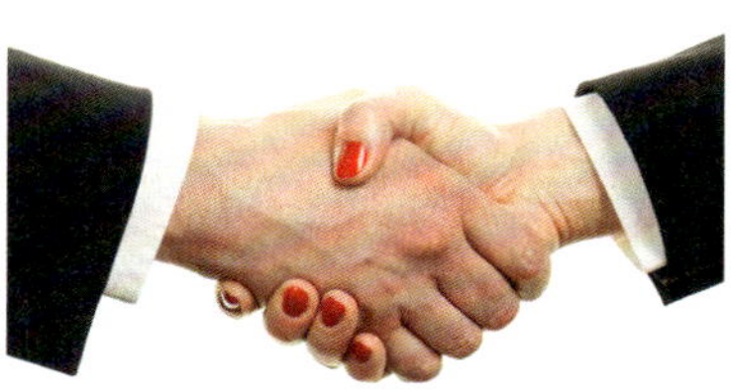

1 Vor Arbeitsbeginn

Miguel hat einen neuen Job. Er hat den Arbeitsvertrag unterschrieben und ruft bei seinem neuen Arbeitgeber an.

10

a Mit wem spricht Miguel? Hören Sie und kreuzen Sie an.

1 ☐ Mit der Telefonzentrale.
2 ☐ Mit der Buchhaltung.
3 ☐ Mit dem Personalbüro.

b Was soll Miguel machen? Setzen Sie die Wörter richtig zusammen.

kommen | Konto | krank | ~~Nummer~~ | ~~Steuer~~ | Verbindung | Versicherung | vorbei

1 Er soll dem Büro seine *Steuernummer* nennen.
2 Er soll seine .... angeben.
3 Er soll Informationen zu seiner .... geben.
4 Er soll am Donnerstag ....

c Formen Sie um: Schreiben Sie die Sätze als höfliche Frage.

1 *Könnten Sie bitte Ihre ... nennen* ?
2 *Würden Sie* .... ?
3 .... ?
4 .... ?

Höfliche Frage
Könnten Sie... / Würden Sie... + Infinitiv

2 Der erste Arbeitstag

a Lesen Sie die E-Mail. Welche Termine hat Miguel? Ergänzen Sie seinen Kalender.

Von	Luise.Lott@schmidtgmbh.de
An	miguel@garcianet.de
Betreff	Erster Arbeitstag

Lieber Herr García Fernández,
wir freuen uns, dass Sie nächste Woche bei uns anfangen. Am Montag kommen Sie bitte um 9 Uhr und melden sich bei mir. Ich habe eine Stunde Zeit, um Ihnen erste Informationen zu geben. Danach erwartet Sie Frau Schleicher von der Personalabteilung.
Gehen Sie bitte gleich nach der Mittagspause zum Sicherheitsbeauftragten. Er wird Ihnen ca. 30 Minuten lang eine Einweisung in den Brandschutz geben. Danach bekommen Sie von Frau Thomas einige Informationen zur Arbeitssicherheit.
Um 15 Uhr ist ein Telefontraining geplant, damit Sie schnell mit unseren Kunden telefonieren können.
Beste Grüße
L. Lott

9.00	*Arbeitsbeginn*
9.30	
10.00	
10.30	
11.00	
11.30	
12.00	
12.30	
13.00	*Mittagspause*
13.30	
14.00	
14.30	
15.00	
15.30	
16.00	

b Hören Sie ein Gespräch zwischen Miguel und seiner Chefin. Was sind seine Aufgaben? Miguel macht Notizen, kann aber nicht gleich alles mitschreiben. Ergänzen Sie seine Notizen. 11

- *Frau Lott bei Besprechungen unterstützen*
- *Kaffee* ……………………
- …………………… *bereitstellen*
- *Unterlagen* ……………………
- *Informationen* …………………… *bereitstellen*
- …………………… *schreiben*

c Schreiben Sie Sätze im Imperativ und im Konjunktiv II.

Unterstützen Sie mich bitte bei Besprechungen. / Würden Sie mich bitte bei Besprechungen unterstützen?

3 Wichtige Termine

a Hören Sie das Gespräch und notieren Sie so viele Informationen wie möglich. 12

Wann?	Uhrzeit	Wer?	Was?
für Mittwoch			
		Frau Obermann	
	15:30		
heute			

b Ihre Partnerin/Ihr Partner hat das Gespräch in 3a nicht so gut verstanden. Wiederholen Sie die wichtigsten Informationen aus dem Gespräch für sie/ihn.

c Vereinbaren Sie mit Ihrer Partnerin/Ihrem Partner Termine und Arbeitsaufträge.

Würdest du bitte … anrufen?

Hättest du Zeit für eine Besprechung?

- Besprechung am … um … Uhr
- Besprechungsraum / Kaffee vorbereiten am … um … Uhr
- Kundin / Kunden anrufen
- mit meiner / deiner / Ihrer Kollegin etwas besprechen
- Treffen mit …
- Mail schicken an …
- Protokoll / Brief / Mail schreiben an …
- mit deinem / unserem / Ihrem Kunden telefonieren
- deinem / unserem / eurem / Ihrem Kollegen helfen

4 Brandschutz

a Miguel muss sich beim Brandschutzbeauftragten melden. Herr Nohl erklärt ihm die Regeln zum Brandschutz. Lesen Sie die Brandschutzregeln.

Vermeidung von Bränden:
1. Verwenden Sie keine defekten Elektrogeräte oder Mehrfachsteckdosen.
2. Überlasten Sie die Steckdosen nicht.
3. Vermeiden Sie „Kabelsalat“ an Ihrem Arbeitsplatz.
4. Offene Flammen wie Kerzen und Teelichter sind im Büro nicht erlaubt.
5. Rauchen ist im ganzen Haus verboten.

b Schreiben Sie die Sätze mit *dürfen*.

1 *Sie dürfen keine defekten Elektrogeräte oder Mehrfachsteckdosen verwenden.*

2 ....

3 .... *haben.*

4 .... *benutzen.*

5 ....

***dürfen* + Negation**
Sie **dürfen** keine defekten Elektrogeräte **verwenden**.
Du **darfst** im Büro nicht **rauchen**.

c Was müssen Sie im Brandfall machen, was dürfen Sie nicht? Sprechen Sie.

Wenn es brennt, muss ich …

Ich darf den Aufzug …

5 Arbeitsschutz: gesund am Arbeitsplatz

a Miguel bekommt auch Informationen zur Gesundheit am Arbeitsplatz. Schauen Sie sich die Bilder an. Sprechen Sie: Was sollte er tun, was sollte er vermeiden?

b Schreiben Sie Sätze und geben Sie Tipps.

~~gerade sitzen~~ | Arme und Knie im 90°-Winkel halten | Bildschirm nicht in Richtung Fenster stellen | regelmäßig Pausen machen | auf den Bildschirm schauen | aufstehen und sich bewegen

1 *Sie sollten immer gerade sitzen.*

2 ……………………

3 ……………………

4 ……………………

5 ……………………

6 ……………………

> **Tipps und Ratschläge**
> Sie sollten / Du solltest + Infinitiv.

c Und in Ihrem Deutschkurs? Was sollen Sie auf jeden Fall tun und was wäre gut? Ergänzen Sie die Listen.

REGELN FÜR UNSEREN DEUTSCHKURS

Auf jeden Fall:	**Das wäre gut:**
Bringen Sie immer Ihr Buch mit.	Benutzen Sie verschiedene Farben.
……………………	……………………
……………………	……………………
……………………	……………………

d Lesen Sie die Regeln noch einmal und sprechen Sie zu zweit. Mit welchen Regeln sind Sie einverstanden? Mit welchen nicht?

Bringen Sie immer Ihr Buch mit. Ich finde, das ist eine gute Regel. Was denkst du?

Ich finde die Regel auch gut. / Ich finde das nicht so wichtig.

6 Telefontraining

a Miguel bekommt Tipps zum Telefonieren.
Bringen Sie die Tipps in die richtige Reihenfolge.

- [ ] Machen Sie sich Notizen.
- [ ] Stellen Sie sich klar und deutlich vor.
- [1] Legen Sie immer ein Blatt Papier und einen Stift neben das Telefon.
- [ ] Schreiben Sie dann den Grund für den Anruf auf.
- [ ] Danken Sie für den Anruf und verabschieden Sie sich.
- [ ] Schreiben Sie zuerst den Namen der Person auf, mit der Sie sprechen.

b Geben Sie Ihrer Partnerin/Ihrem Partner Tipps.

Was ist wichtig beim Telefonieren? — *Stell dich klar und deutlich vor.*

Was mache ich, wenn ich etwas nicht richtig verstehe? — *Frag höflich noch mal nach.*

c Miguel hat die Regeln verstanden. Jetzt schreibt er auf, wie er mit den Kunden am Telefon sprechen möchte. Schreiben Sie Sätze.

Ich | Kunde | zuhören | genau | .

1 *Ich höre dem Kunden genau zu.*

Ich | sprechen mit | Anrufer | sehr höflich | .

2 ....

Ich | Kunde | freundlich | antworten | .

3 ....

Ich | helfen | schnell und unbürokratisch | alle Kunden | .

4 ....

> **Verben mit Dativ**
> antworten, helfen, schreiben, sprechen mit, zuhören, zuschauen

d Ergänzen Sie die Possessivartikel im Dativ.

> **ich meinem/meiner/meinem/meinen**
> **du ...**

1 Herr Lutz schreibt *seinem* Mitarbeiter.
2 Frau Hellmann spricht mit .... Chef.
3 Miguel hilft .... Kolleginnen.
4 Wir hören .... Kundin zu.
5 Die Mappe gehört .... Kollegin.
6 Du schaust .... Kollegen zu.
7 Miguel antwortet .... Personalleiterin.
8 Ihr arbeitet in .... Büro.

7 Neue Mitarbeiter stellen sich vor.

a Am Abend spricht Miguel noch mit Frau Blume. Hören Sie und beantworten Sie die Fragen. 13

1 Frau Blume muss
- a ☐ heute fertig sein.
- b ☐ morgen fertig sein.
- c ☐ sofort fertig sein.

2 Miguel soll
- a ☐ eine Grafik machen.
- b ☐ einen Text schreiben.
- c ☐ sieben Artikel schreiben.

3 Was kommt in den Newsletter?

a ....

b ....

b Lesen Sie den Text. Richtig oder falsch? Kreuzen Sie an.

Bei der Schmidt GmbH arbeite ich als Grafiker. Meine Aufgabe ist es, Werbeflyer und Informationsmaterialien zu unseren Produkten zu gestalten. Meine Kollegin und ich stellen zwei oder drei Entwürfe zusammen und stimmen uns dann mit dem Vertrieb und der Marketing-Abteilung ab. Jeder von uns arbeitet in seinem Bereich. Luisa schreibt die Werbetexte, ich zeichne die Bilder und stelle dann alles zusammen. Ich unterstütze auch die Leiterin der Kundenbetreuung, Frau Lott. Sie hat oft Besprechungen mit unseren Kunden, und ich helfe bei der Vor- und Nachbereitung. Die Arbeit macht viel Spaß. Ich lerne noch in einem Deutschkurs, aber hier kann ich mein Deutsch jeden Tag in der Praxis verbessern. Das hilft mir sehr.

		✓	✗
1	Miguel arbeitet als Werbetexter.	☐	☐
2	Luisa ist Miguels Kollegin.	☐	☐
3	Frau Lott führt Gespräche mit den Kunden.	☐	☐
4	Miguel hat Kontakt mit verschiedenen Abteilungen.	☐	☐

c Welchen (Traum-)Beruf haben Sie? Was machen Sie und was machen Ihre Kollegen und Kolleginnen? Schreiben Sie einen Artikel für einen Newsletter.

8 Knifflige Wörter

a Hören Sie und sprechen Sie nach. 14

das Informationsmaterial – die Informationsmaterialien – der Außendienst – die Kundenbetreuung – der Arbeitsschutz – der/die Arbeitsschutzbeauftragte – der Brandschutz – der/die Brandschutzbeauftragte

b Was bedeuten die Wörter? Erklären Sie.

Sprachbausteine

Die Arbeit und der Arbeitsplatz

der Beruf, das Stellenangebot, der Kunde, die Kundin, der Kollege, die Kollegin, der Chef, die Chefin, die Firma, das Büro, die Besprechung, die Personalabteilung, das Sekretariat, der Arbeitstag, die Mittagspause, das Zeugnis, die Arbeitsschutzmaßnahme, der Brandfall, der Brandschutz

Grammatik

Modalverb *dürfen* + Negation

Sie **dürfen** keine defekten Elektrogeräte **verwenden**.

Du **darfst** im Büro nicht **rauchen**.

Imperativ

Sie	du	ihr
Machen Sie	Mach	Macht
Legen Sie	Leg	Legt
Bringen Sie	Bring	Bringt

Possessivartikel im Dativ

ich	du	er/es	sie	wir	ihr	sie (Pl.)	Sie	
meinem	deinem	seinem	ihrem	unserem	eurem	ihrem	Ihrem	Chef
meiner	deiner	seiner	ihrer	unserer	eurer	ihrer	Ihrer	Werbeagentur
meinem	deinem	seinem	ihrem	unserem	eurem	ihrem	Ihrem	Büro
meinen	deinen	seinen	ihren	unseren	euren	ihren	Ihren	Chefs

Verben mit Dativ

antworten	Ich **antworte** meinen Kollegen.
helfen	Tommy **hilft** seinem Mitarbeiter.
zuhören	Er **hört** seiner Personalleiterin **zu**.
gehören	Die Mappe **gehört** unserer Kollegin.

Konjunktiv II

Ratschläge	Du **solltest** den Kunden noch einmal anrufen.
Vorschläge	Wir **könnten** bis Bonn fahren.
Höfliche Bitte	**Könnten** Sie am Samstag arbeiten?
	Würden Sie mir bitte helfen?

Verben im Konjunktiv II

	werden	sein	haben	sollen	können
ich	würde	wäre	hätte	sollte	könnte
du	würdest	wärst	hättest	solltest	könntest
er/sie/es	würde	wäre	hätte	sollte	könnte
wir	würden	wären	hätten	sollten	könnten
ihr	würdet	wärt	hättet	solltet	könntet
sie/Sie	würden	wären	hätten	sollten	könnten

In der Schule

Ich habe gern … gelernt.

Man muss in der Schule …

Bei uns ist die Schule …

…

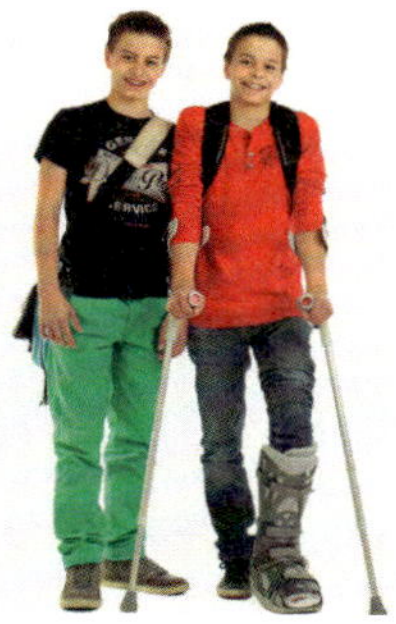

1 Schule in Deutschland

a Das deutsche Schulsystem: Sehen Sie das Schaubild an. Vergleichen Sie mit den Schulen in Ihrem Land. Was denken Sie: Ist das System ähnlich? Gibt es Unterschiede?

Schaubild: Das Schulsystem in Deutschland*

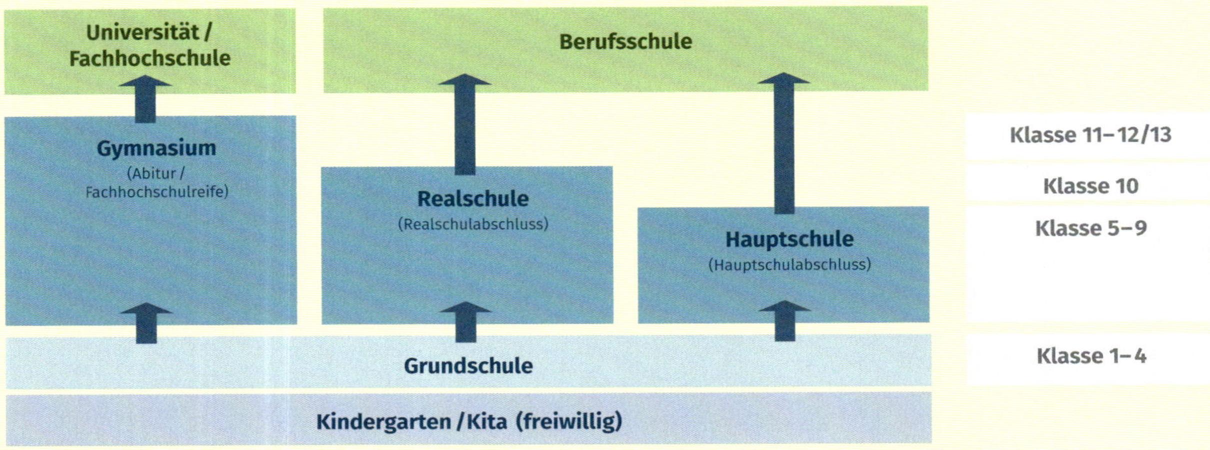

**Es gibt in den 16 deutschen Bundesländern auch noch andere Schulformen. Das Schaubild zeigt die wichtigsten Schulformen im Bundesland Hessen.*

b Lesen Sie den Text. Was meinen Sie: Auf welche Schulen werden die Kinder der Familie Singh in Deutschland gehen? Sprechen Sie.

Mein Name ist Rajesh Singh. Ich habe vor etwa 15 Jahren in Deutschland Informatik studiert, an der Universität in Aachen. Nach dem Abschluss bin ich in meine Heimat Indien zurückgegangen. Jetzt habe ich ein Jobangebot aus Deutschland bekommen und möchte mit meiner Familie umziehen. Die neue Firma ist in Kassel, im Bundesland Hessen. Leider weiß ich nur wenig über das deutsche Schulsystem und möchte mich informieren. Meine Tochter Sunita ist dreizehn Jahre alt und sie ist sehr gut in der Schule. Sie will später Medizin studieren. Für meinen elfjährigen Sohn Sunil ist das Lernen schwer, er hat oft schlechte Noten. Aber er interessiert sich für Autos und Maschinen. Mein jüngster Sohn Suresh ist 7 Jahre alt und mag die Schule sehr – bis jetzt!

15 **c** Im Internet findet Rajesh Singh eine Informationsveranstaltung für Eltern zum deutschen Schulsystem. In der Veranstaltung hält Herr Habermann einen Vortrag. Er arbeitet bei einem deutschen Integrationsverein.

Wie ist das in Deutschland?

1 Gibt es eine Schulpflicht?
2 Mit wie vielen Jahren kommen die Kinder in die Schule?
3 Kostet die Schule Geld?

zur Schule gehen
(= regelmäßig, jeden Tag)
Mein Sohn geht zur Schule.
in die Schule kommen
(= zum ersten Mal)
Mein Sohn ist mit 6 Jahren in die Schule gekommen.

d Hören Sie noch einmal. Was passt zusammen? Verbinden Sie. 15

1	Ich freue mich,	a	dass die Schulbildung kostenlos ist?
2	Ich möchte,	b	dass die Grundschule nur vier Jahre dauert?
3	Ist es richtig,	c	dass Sie da sind.
4	Stimmt es,	d	dass meine Kinder früh etwas lernen.

Ich freue mich, **dass** Sie da **sind**.

e Hören Sie jetzt Teil 2. Ist das richtig oder falsch? 16

		✓	✗
1	Nach der Grundschule gehen alle Kinder in die Gesamtschule.	☐	☐
2	In der zehnten Klasse sind die Kinder etwa 16 Jahre alt.	☐	☐
3	Wer auf das Gymnasium geht, muss bis zum Abitur bleiben.	☐	☐
4	Auf dem Gymnasium tragen die Kinder eine Schuluniform.	☐	☐
5	Im Sportunterricht sind Mädchen und Jungen manchmal getrennt.	☐	☐

f Ihre Partnerin/Ihr Partner interessiert sich für das deutsche Schulsystem, aber war bei der Info-Veranstaltung nicht dabei. Wiederholen Sie die wichtigsten Informationen für sie/ihn. Die Fragen in 1c und die Sätze in 1e helfen Ihnen.

die/der Jugendliche = der Teenager

2 Gute Noten, schlechte Noten

a Lesen Sie die Meinungen. Was denken die Eltern Melisa und Franz Schuhmann über Schulnoten? Was denkt ihre Tochter Claudia?

Melisa und Franz Schuhmann

Claudias Noten in Mathe sind sehr gut. Aber in den Sprachen hat sie oft nur eine drei. Ich glaube, dass sie mehr lernen muss.

Es ist normal, dass nicht alle Noten gleich gut sind. Das war bei mir auch so.

Ich finde, dass Noten unfair sind. Geht es nicht auch ohne?

Claudia Schuhmann

b Finden Sie gute Schulnoten wichtig? Warum? Meinen Sie, dass Kinder in allen Fächern gut sein müssen? Sind Schulnoten fair? Diskutieren Sie.

Denkst du,
Findest du,
Meinst du,
Glaubst du,
dass …?

Ich denke,
Ich finde,
Ich meine,
Ich glaube,
dass …

Es ist gut,
Es ist wichtig,
Es ist richtig,
Es ist unfair,
Es ist schade,
Es ist normal,
dass …

Das Notensystem in Deutschland

1 sehr gut	2 gut
3 befriedigend	4 ausreichend
5 mangelhaft	6 ungenügend

Es gibt auch + und – (z. B. 2+ oder 3–)

3 Mein Lieblingsfach

a Ergänzen Sie: Welches Schulfach passt? Kennen Sie weitere Schulfächer?

Schulfächer
Biologie, Chemie, Deutsch, Englisch, Erdkunde, Geschichte, Kunst, Mathematik, Musik, Physik, Religion, Sport

1. Lesen und schreiben lernen die Grundschüler im Fach ....
2. Wo sind in Deutschland und der Welt Flüsse und große Städte? Das lernen Schülerinnen und Schüler in ....
3. .... haben alle Schülerinnen und Schüler. Hier lernen sie rechnen.
4. Dieses Fach haben nicht alle Kinder. Aber viele Kinder gehen zum ....*unterricht*.
5. Wie funktioniert unser Körper? Wie und wo leben Tiere? Das lernt man im ....*unterricht*.
6. Die Vergangenheit lernt man im Fach .... kennen.

b Kai Habermann hat drei Kinder, eine Tochter und zwei Söhne. Sehen Sie sich die Fotos an und lesen Sie.

Annika besucht die Grundschule. Sie geht in die zweite Klasse. Wenn sie groß ist, will sie Feuerwehrfrau oder Pilotin werden, vielleicht auch Tierpflegerin. Das weiß sie noch nicht so genau.

Annika geht gern zur Schule. Ihr Lieblingsfach ist Mathe, aber sie mag auch Musik und Kunst.

Frau Dittrich ist Annikas Lieblingslehrerin. Sie ist immer nett und gar nicht streng.

Till und Ole gehen beide zur Gesamtschule. Till geht in die neunte Klasse, Ole in die achte.

Ole findet Schule ganz gut, nur Erdkunde findet er langweilig. Seine Lieblingsfächer sind Englisch und Biologie. Nach dem Abitur möchte er studieren und Lehrer werden.

Till findet die Schule blöd. Er will nach der zehnten Klasse eine Ausbildung machen – vielleicht bei der Polizei. Sein Lieblingsfach ist Sport.

Berufswünsche
Was möchtest du **werden**?
Ich möchte Pilot **werden**.

c Ergänzen Sie die Tabelle.

	Schule/Klasse	Lieblingsfächer	Berufswunsch
Annika	*Grundschule, 2. Klasse*		
Till			
Ole			

d Wie finden/fanden Sie diese Fächer? Schreiben Sie zuerst hinter jedes Fach zwei Adjektive. Sprechen Sie dann zu dritt über diese und über andere Fächer. Zwei Personen haben unterschiedliche Meinungen. Die dritte Person moderiert das Gespräch und hilft bei der Kommunikation.

Mathematik ______________ ______________

Sport ______________ ______________

Geschichte ______________ ______________

leicht – schwierig
interessant – langweilig
super – blöd
gut – schrecklich

Ich finde Geschichte blöd, aber Mathe ist super.

Mathe ist viel zu schwierig. Ich mag lieber Sport.

Geschichte ist manchmal langweilig und manchmal interessant.

4 Ein blöder Tag

die (Klassen)arbeit = Test, Prüfung

a Ole erzählt. Hören Sie und ergänzen Sie. 17

wollte | muss | musste | kann | konnte | darf | durfte | sollten

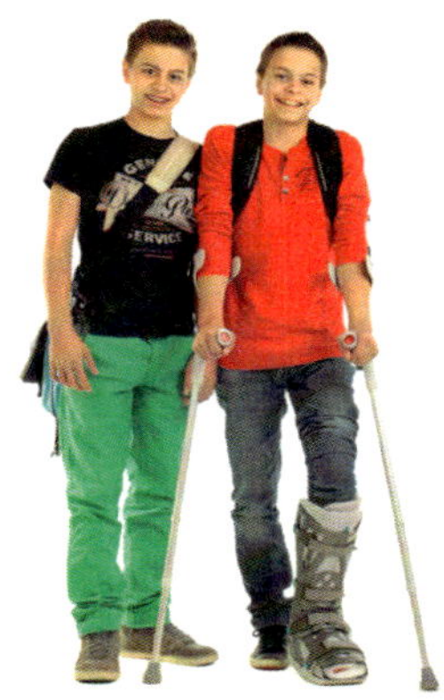

Heute war ein richtig blöder Tag. Wir haben eine Klassenarbeit in Mathe geschrieben, und ich ______ 1 ______ drei Aufgaben nicht lösen. Ich bin sicher, dass ich eine schlechte Note bekomme, aber das war nicht alles. Im Sportunterricht ______ 2 ______ wir Basketball spielen. Ich ______ 3 ______ den Ball in den Korb werfen, aber ich bin umgeknickt und hingefallen. Ich konnte nicht aufstehen. Mein Knöchel hat schrecklich wehgetan. Ich ______ 4 ______ sofort ins Krankenhaus. Zum Glück ______ 5 ______ mein Bruder mitkommen. Jetzt habe ich ein Gipsbein und ______ 6 ______ eine Woche zu Hause bleiben. Dann ______ 7 ______ ich wieder in die Schule, aber ich ______ 8 ______ natürlich noch keinen Sport machen. Echt blöd, was?

b Ergänzen Sie die richtige Verbform.

1 Ich ______________ (dürfen) gestern nicht fernsehen.
Ich ______________ (müssen) für die Klassenarbeit lernen.

2 Ich ______________ (sollen) Ingenieurin werden, aber ich ______________ (wollen) lieber eine Ausbildung zur Fotografin machen.

3 Ich ______________ (wollen) heute mit dem Bus zur Sprachschule fahren, aber ich ______________ (können) meine Fahrkarte nicht finden.

	können
ich	konnte
du	konntest
er/sie/es	konnte
wir	konnten
ihr	konntet
sie/Sie	konnten

können	ich konnte
wollen	ich wollte
müssen	ich musste
dürfen	ich durfte
sollen	ich sollte

c Schreiben Sie über Ihre Schulzeit.
Benutzen Sie *können, wollen, müssen, dürfen* und *sollen*.

Meine Eltern ***wollten****, dass ich studiere. Ich* ***musste*** *nach der Schule immer sofort die Hausaufgaben machen. Erst dann* ***durfte*** *ich spielen.*

5 Ausbildung oder Studium?

18

a Claudia Schuhmann geht in die 11. Klasse des Gymnasiums. Sie schickt eine Sprachnachricht an ihre ältere Cousine Nurmala in Indonesien. Hören Sie die Nachricht und kreuzen Sie an: richtig oder falsch?

		✓	✗
1	Ihre Lehrerinnen und Lehrer denken, dass ein Medizinstudium gut zu ihr passt.	☐	☐
2	Claudia hat gute Noten in Mathe.	☐	☐
3	Claudia möchte unbedingt studieren.	☐	☐

b Hören Sie noch einmal und ergänzen Sie die Sätze. Benutzen Sie die Wörter im Kasten.

jeden | alle | jedes | jede

1 .... meine Freunde schlafen.
2 .... Lehrerinnen und Lehrer sagen, dass ein Informatikstudium gut zu mir passt.
3 Ich habe in meiner Klasse wieder die beste Note in Mathe – so wie .... Jahr.
4 An der Uni muss ich wieder .... Tag lernen.
5 Ich denke fast .... Nacht über die Zukunft nach.

jed-			
Nominativ	jed**er** Tag	jed**e** Nacht	jed**es** Jahr
Akkusativ	jed**en**	jed**e**	jed**es**

c Nurmala Susanto schreibt ihrer Cousine Claudia eine Nachricht.
Ergänzen Sie *alle* oder die richtige Form von *jeder/jede/jedes*.

Hallo Claudia, ja, ich bin wach, aber ich muss gleich schon zur Bushaltestelle gehen, wie ....1.... Morgen. Ich bin mitten im Abitur! 😬 ....2.... Schüler in meiner Klasse sind gestresst. Ich weiß noch nicht, was ich studiere. Ein Studium in Deutschland klingt auf ....3.... Fall interessant. Ich informiere mich! Und du, geh mal schlafen. 🥱 Lass uns später reden! 😘

d Erzählen Sie:

1 Was kann man nach der Schule in Ihrem Land machen? Studiert man lieber oder macht man lieber eine Ausbildung?
2 Welche anderen Möglichkeiten gibt es nach der Schule in Ihrem Land?
3 Was haben Sie nach der Schule gemacht?
4 Wenn Sie noch in der Schule sind, was wollen Sie nach der Schule machen?

6 Studieren in Deutschland

a Nurmala informiert sich im Internet über ein Studium in Deutschland. Lesen Sie den Artikel. Welche Wörter kennen Sie noch nicht? Sprechen Sie mit Ihrer Partnerin/Ihrem Partner.

studium-in-deutschland.de

Dein Studium in Deutschland

Du möchtest zum Studieren nach Deutschland kommen? Dann hast du die Wahl: Möchtest du nur für ein Semester kommen, oder willst du ganz hier studieren und bis zum Abschluss bleiben?

Dann solltest du wissen, dass die deutschen Universitäten und Fachhochschulen verschiedene Abschlüsse anbieten. Die internationalen Abschlüsse Bachelor und Master haben wir erst seit 2002. Davor hatten wir Magister, Diplom und Staatsexamen – und die gibt es teilweise auch heute noch.

Ärzte müssen in Deutschland zum Beispiel immer ein Staatsexamen machen, weil der deutsche Staat die Qualität bei einigen Studiengängen wie Medizin besonders kontrolliert. Die alten Abschlüsse Magister und Diplom waren sehr beliebt. Heute kann man nur noch an wenigen Hochschulen „Diplom-Informatiker" oder „Diplom-Architekt" werden. Die meisten Studiengänge schließen jetzt mit dem Bachelor und dem Master ab. Ein Bachelorstudium dauert sechs bis acht Semester. Dann kannst du schon in deinem Beruf arbeiten. Oder du kannst noch zwei bis vier Semester länger studieren und deinen Master bekommen. Du möchtest deinen Bachelor und gleichzeitig eine Ausbildung machen? Das geht auch, mit einem dualen Studium.

Brauchst du ein Visum? Wie lange darfst du für das Studium in Deutschland bleiben? Informationen dazu bekommst du bei der deutschen Botschaft oder dem deutschen Konsulat in deinem Heimatland.

b Was ist richtig? Lesen Sie den Text noch einmal und kreuzen Sie an: a oder b?

1 Welche Abschlüsse gibt es in Deutschland erst seit 2002?
- a ☐ Bachelor und Master
- b ☐ Diplom, Magister und Staatsexamen

2 Wie lange dauert ein Bachelorstudium in Deutschland?
- a ☐ sechs bis acht Semester
- b ☐ zwei bis vier Semester

c Claudia und Nurmala sammeln Ideen für die Zeit nach der Schule. Welche Idee könnte zu wem passen? Hören Sie das Telefongespräch und ordnen Sie zu. 19

~~Informatikstudium~~ | Medizinstudium | Dolmetscherin | Ausbildung bei der Bank | duales Studium | Auslandsstudium in Deutschland | Mathematik-Lehrerin

Claudia

Informatikstudium
......
......
......

Nurmala

......
......
......

d Was meinen Sie? Ist ein duales Studium besser als eine Ausbildung? Warum? Und was denken Sie über ein Studium in Deutschland? Diskutieren Sie.

Sprachbausteine

Das Schulsystem
die Schulpflicht, der Kindergarten, die Kita (kurz für Kindertagesstätte), die Grundschule, die Realschule, die Hauptschule, die Gesamtschule, das Gymnasium, die Klasse, das Zeugnis, das Zwischenzeugnis

In der Schule
das Schuljahr, das Halbjahr, der Stundenplan, der Klassenlehrer, der Fachlehrer, der Unterricht, die Klassenarbeit, eine Klassenarbeit schreiben, die Note, eine gute/schlechte Note bekommen

Seine Meinung sagen
Ich finde/meine/glaube/denke, dass ...
Es ist richtig/unfair/wichtig/schade, dass ...

An der Hochschule
die Universität, die Fachhochschule, das duale Studium, der Studiengang, der Studienabschluss, der Bachelor, der Master, Studienfächer, das Medizinstudium, Informatik/Mathematik/Architektur/... an der Universität studieren, ein Auslandsstudium machen

Berufswünsche
Ole möchte Lehrer **werden**.
Als Kind wollte ich Pilot **werden**.
Was möchtest du **werden**, wenn du groß bist?

Grammatik

Sätze mit *dass* verbinden
Es ist wichtig, dass **alle Kinder** in die Schule gehen.

Alle Kinder müssen die Hausaufgaben machen.
Jedes Kind muss die Hausaufgaben machen.

jed-			
	maskulin	**feminin**	**neutral**
Nominativ	jed**er**	jed**e**	jed**es**
Akkusativ	jed**en**	jed**e**	jed**es**

Verben im Präteritum

	wollen	**können**	**müssen**	**sollen**	**dürfen**
ich	wollte	konnte	musste	sollte	durfte
du	wolltest	konntest	musstest	solltest	durftest
er/sie/es	wollte	konnte	musste	sollte	durfte
wir	wollten	konnten	mussten	sollten	durften
ihr	wolltet	konntet	musstet	solltet	durftet
sie/Sie	wollten	konnten	mussten	sollten	durften

Gesund sein und gesund bleiben

gesund	ungesund
Sport	*Schokolade*
...	...

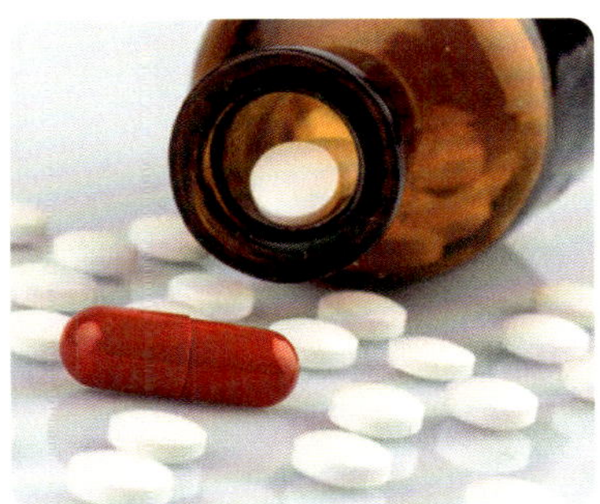

1 Rückenschmerzen

a Lesen Sie die elektronischen Nachrichten und ordnen Sie den Dialog.

Hallo Miguel, ich kann heute Abend nicht zum Joggen kommen. Ich habe wieder meine starken Rückenschmerzen. Gruß Akono *a*

Gut, das mache ich. Was kann ich sonst noch tun? *c*

Kannst du mir einen Tipp für meinen Rücken geben? *e*

Danke. Tschüss *g*

Frag mal Tom. Seine Orthopädin ist sehr gut. Sie hat ihm damals viele gute Tipps für sein Knie gegeben. Gute Besserung! *b*

Meine erste Idee: Yoga ist gut für deinen Rücken. Schau doch im Internet nach Rückenkursen. *d*

Oh, wie schade! Du musst etwas dagegen tun! LG Miguel *f*

1 ☐ 2 ☐ 3 ☐ 4 ☐ 5 ☐ 6 ☐ 7 ☐

b Lesen Sie die Nachrichten noch einmal.
Welche Tipps hat Miguel für Akono? Sprechen Sie zu zweit.

c Markieren Sie die Possessivartikel in den Nachrichten.

ich	du
für **meinen**	**deinen** Rücken
für **meine**	**deine** Hand
für **mein**	**dein** Knie
für **meine**	**deine** Beine

2 Viele gute Tipps

a Was ist gut für …? Fragen Sie und antworten Sie.

Arm | Hand | Bauchschmerzen | Gesundheit | Zahnschmerzen | Fitness | Husten | Erkältung

Tee trinken | joggen gehen | Tablette nehmen | Sport machen | Salbe | Hustensaft nehmen

Was ist gut gegen ***meinen Husten?***

Nimm Hustensaft *gegen deinen Husten!*

20 **b** Akono telefoniert mit Tom. Hören Sie den Dialog. Welche Tipps gibt Tom Akono? Notieren Sie sie. Akono soll …

1 *ein warmes Kirschkernkissen auf seinen Nacken legen.*
2 ……
3 ……
4 ……
5 ……

3 Gesundheit und Sport

sie	er
für **ihren**	**seinen** Rücken
für **ihre**	**seine** Hand
für **ihr**	**sein** Bein
für **ihre**	**seine** Beine

wir	ihr	sie (Pl.)
für **unseren**	**euren**	**ihren** Rücken
für **unsere**	**eure**	**ihre** Hand
für **unser**	**euer**	**ihr** Bein
für **unsere**	**eure**	**ihre** Beine

a Ersetzen Sie die unterstrichenen Artikel durch die richtigen Possessivartikel.

1 Alicija treibt viel Sport für ~~die~~ *ihre* Gesundheit.

2 Akono bittet die .... Krankenkasse um Tipps.

3 Stefan und Tom engagieren sich für den .... Fußballverein.

4 Wir achten auf die .... Gesundheit.

5 Eleni und Youssef nehmen die .... Fahrräder.

b Wer tut was für seine Gesundheit? Antworten Sie.

1 Was tut ihr für eure Gesundheit?  *Für unsere Gesundheit ...*

2 Was tust du für deine Fitness?  ....

3 Was tut ihr für euren Körper?  ....

4 Was tun Rabia und Miguel für ihre Gesundheit?  ....

4 Übungen für zwischendurch

Im Alltag haben wir oft nicht genug Bewegung. Hier sind einige Übungen, die schnell helfen. Beschreiben Sie, was man tun soll. Eine andere Person aus Ihrem Kurs macht die Übung nach Ihren Anweisungen.

Leg deine Hände vor dich auf den Boden. Halte den Kopf zwischen die Arme. Halte die Beine gerade.

5 Gesundheitsforum

a Akono informiert sich im Internet. Lesen Sie die Texte und markieren Sie die Probleme und Tipps. Findet Akono Tipps für sein Problem?

EllaSkate23 *30. August 11:37*
Hallo, ich habe Probleme mit meiner Hand. Gestern hatte ich einen Fahrradunfall und bin auf meine Hand gefallen. Jetzt ist mein Handgelenk dick und tut weh. ← Problem
Wer kann mir helfen und hat gute Tipps?

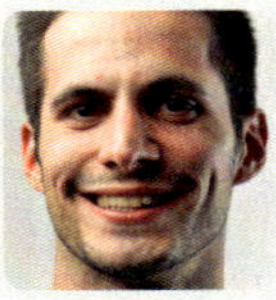

Sporty 515 *30. August 14:37*
Hallo EllaSkate, du musst dein Handgelenk gut kühlen, damit die Schwellung weggeht. Füll einfach Eiswürfel in eine Tüte und leg sie auf dein Handgelenk. Aber Vorsicht! Nicht direkt auf die Haut legen, sonst ist es zu kalt.

Rad_Hansi *30. August 22:10*
Hallo EllaSkate,
du kannst ein Sportgel oder eine Sportsalbe auf dein Handgelenk tun, damit es sich erholt. Ein Verband kann auch helfen, damit du dein Handgelenk nicht so viel bewegst.

Compi_Pete *01. September 18:28*
Hallo Leute, ich habe eine Frage. Ich arbeite zu viel am Computer und habe ständig Rückenschmerzen. Wer kennt gute Hausmittel?

Lizzi_cool *01. September 19:39*
Hallo Compi_Pete, leg dir ein warmes Kirschkernkissen oder eine Wärmflasche in deinen Rücken, damit sich deine Muskeln entspannen können.

Marathonmann *01. September 20:41*
Hi Compi_Pete, geh in die Apotheke und lass dir eine gute Salbe geben. Dann lässt du dich von jemandem massieren, damit sich die Verspannungen lösen. Wenn du wieder fit bist, musst du einfach viel joggen. Joggen hilft gegen alles und damit bekommt man auch den Kopf frei.

b Was passt zusammen? Verbinden Sie die Sätze.

1 Leg Eiswürfel auf die Hand,
2 Leg dir eine Wärmflasche in den Rücken,
3 Mach eine Massage,
4 Geh joggen,

a damit du den Kopf frei bekommst.
b damit die Schwellung weggeht.
c damit deine Schmerzen weggehen.
d damit sich die Muskeln entspannen.

c Schreiben Sie Sätze mit *damit*.

Bauchschmerzen | Zahnschmerzen | Kopfschmerzen | Grippe | Husten | Fieber | Schmerzen im Fuß/in der Hand | Stress

Nebensätze mit *damit*
Ich nehme die Tropfen, damit **ich** besser schlafen kann.
Ich gebe Ihnen die Tropfen, damit **Sie** besser schlafen können.

heißen Tee trinken | eine Schmerztablette nehmen | den Fuß hochlegen | mit Eis kühlen | eine Salbe kaufen | im Bett bleiben | Sport machen | eine Wärmflasche nehmen | zum Arzt gehen

Ich trinke heißen Tee, damit mein Husten weggeht. …

6 Beim Orthopäden

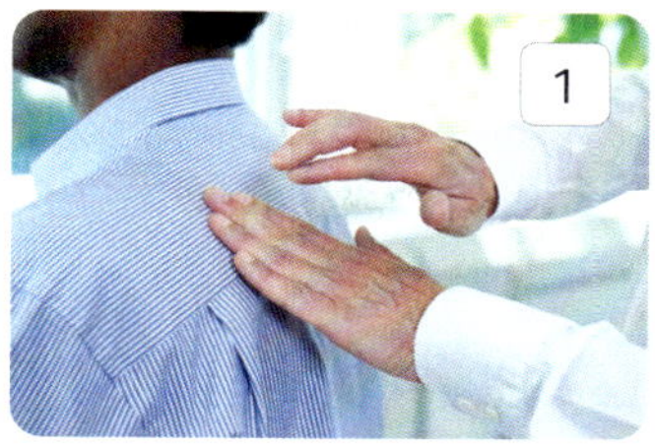

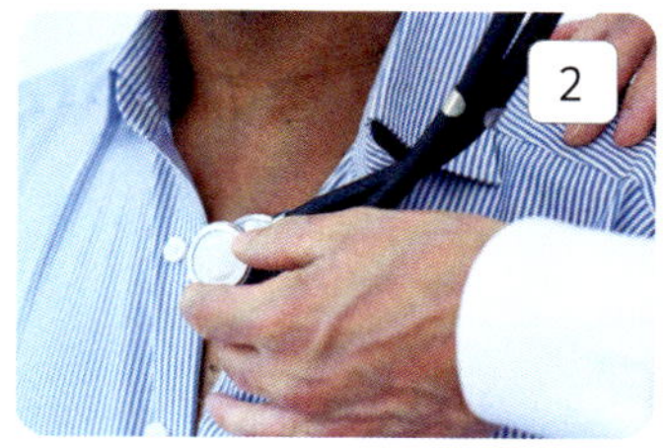

3

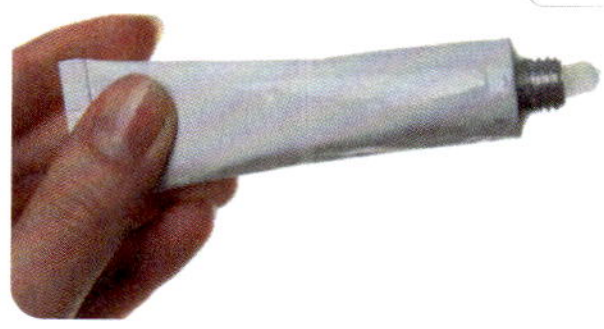

4

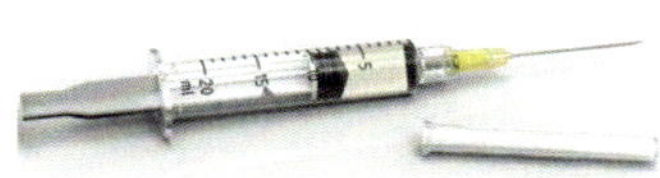

a Hören Sie den Dialog zwischen Akono und Dr. Arendt. Welche Bilder passen? 21

	✓	✗
Bild 1	☐	☐
Bild 2	☐	☐
Bild 3	☐	☐
Bild 4	☐	☐

b Hören Sie den Dialog noch einmal und ergänzen Sie die Lücken. 21

1 Ich *gebe* .... Ihnen eine Salbe.

2 Ich .... Ihnen Tabletten.

3 Ich .... Ihnen, Sport zu machen.

4 Der Trainer .... Ihnen Übungen, die Ihnen ....

5 Ich .... Ihnen gute Besserung.

Verben + Dativ

geben | verschreiben | empfehlen | wünschen | zeigen | helfen

	Wem? (Dativ)	Was? (Akkusativ)
Ich gebe	**Ihnen**	eine Salbe.

c Was für einen Kurs empfiehlt Dr. Arendt?

1 ☐ einen Yogakurs

2 ☐ einen Deutschkurs

3 ☐ einen Tanzkurs

4 ☐ einen Gymnastikkurs

Personalpronomen im Dativ

ich	**mir**
du	**dir**
er/es	**ihm**
sie	**ihr**
wir	**uns**
ihr	**euch**
sie/Sie	**ihnen/Ihnen**

d Schreiben Sie Sätze.

geben | schreiben | erzählen | empfehlen | wünschen | zeigen | helfen | kaufen | holen | schicken | schenken | bringen | wehtun

Ich schenke ihr einen Gymnastikkurs zum Geburtstag.
Die Krankenkasse zahlt ihm einen Rückenkurs.

7 Beim Arzt

Spielen Sie Dialoge. Eine Person ist die Ärztin / der Arzt, die andere Person ist die Patientin / der Patient. Wechseln Sie dann die Rollen.

Guten Tag, Frau/Herr ..., was fehlt Ihnen denn?

Ich habe starke Schmerzen in/im ...

8 Fitnessstudio oder Sportverein?

a Melisa Schuhmann ist Mitglied in einem Fitnessstudio. Warum ist sie unzufrieden? Lesen Sie den Text.

Seit zwei Jahren bin ich Mitglied im Fitnessstudio „KölnGym". Am Anfang habe ich zweimal pro Woche trainiert. Aber jetzt gehe ich fast gar nicht mehr hin. Das Studio ist praktisch: Es hat 24 Stunden geöffnet. Aber ich bin immer allein dort. Mein Mann und meine Tochter haben keine Lust, ins Fitnessstudio zu gehen und meine Freundinnen wollen auch nicht mitkommen. Und ich zahle jeden Monat 40 Euro - das ist viel Geld. Vielleicht kündige ich meine Mitgliedschaft und gehe lieber in einen Sportverein.

b Sind Sie Mitglied in einem Fitnessstudio oder einem Sportverein? Berichten Sie.

22 **c** Melisa ruft bei einem Sportverein an und informiert sich über das Kursangebot. Hören Sie den Dialog und kreuzen Sie an.

1 Was fragt Melisa?

a ☐ „Bieten Sie auch Gesundheitskurse an?"

b ☐ „Bezahlt meine Krankenkasse den Kurs?"

2 Wann finden Yogakurse statt?

a ☐ Am Dienstagvormittag

b ☐ Am Montagabend und Donnerstagabend

d Schauen Sie sich das Kursprogramm des Sportvereins an und spielen Sie Dialoge am Telefon. Wechseln Sie dann die Rollen.

- Begrüßung
- Problem (Krankheit)
- Frage (Gesundheitskurse: Yoga/Rücken/Entspannung ...)
- Wo? Wann? Wie?
- Kursgebühr? Wer?
- Verabschiedung

www.sportverein-köln-mitte.de

SPORTVEREIN KÖLN-MITTE E.V.

1 Autogenes Training
dienstags 19.00–20.30 Uhr
8 x, 53,– €

2 Progressive Muskelentspannung
mittwochs 18.00–19.30 Uhr
8 x, 59,– €

3 Meditation
freitags 17.30–19.00 Uhr
8 x, 45,– €

4 Hatha Yoga
montags 20.00–21.30 Uhr
15 x, 91,– €

5 Rückenschule
mittwochs 19.00–20.00 Uhr
18 x, 65,– €

6 Wirbelsäulengymnastik für Männer
montags 18.00–19.00 Uhr
18 x, 65,– €

7 Yoga mit Rückentraining
donnerstags 19.00–20.00 Uhr
15 x, 62,– €

8 Pilates mit Rücken-Fit
dienstags 10.00–11.00 Uhr
14 x, 55,– €

9 Eine Mitgliedschaft kündigen

Absender | Adresse (2x) | Anrede | Betreff | Datum | ~~Empfänger~~ | Gruß | Ort | Text/Grund | Unterschrift

a Melisa kündigt ihre Mitgliedschaft im Fitnessstudio „KölnGym“. Lesen Sie den Brief und ordnen Sie die Begriffe zu.

Melisa Schuhmann 1
Duisburger Straße 43
50735 Köln 2

KölnGym GmbH *Empfänger*
Sternstraße 5a
50735 Köln 3

..........4 ....5 Köln, 05.Mai 20..

Kündigung meiner Mitgliedschaft
Mitgliedsnummer: M04300247 6

Sehr geehrte Damen und Herren, ...7

hiermit kündige ich meine Mitgliedschaft in Ihrem Fitnessstudio „KölnGym“ zum 31.06.20...

Ihr Studio bietet viele Sportgeräte und die Öffnungszeiten sind praktisch. Ich möchte aber lieber einen Yogakurs im Verein machen. Das Training in der Gruppe macht mir mehr Spaß und die Kursgebühr ist günstiger. Außerdem erstattet mir die Krankenkasse einen Teil der Kosten für den Gesundheitskurs beim Sportverein. 8

Bitte bestätigen Sie mir schriftlich meine Kündigung. Vielen Dank.

Mit freundlichen Grüßen 9

Melisa Schuhmann 10

b Sie sind Mitglied im Karate-Verein „Budo Studio Bonn e.V.“ und möchten Ihre Mitgliedschaft kündigen. Schreiben Sie einen Brief an den Sportverein.

Ihre Adresse

Adresse des Sportvereins

Ort, Datum (z. B. 13.10.20...)

Kündigung meiner Mitgliedschaft
Mitgliedsnummer: ...

Sehr geehrte Damen und Herren,
Sehr geehrter Herr .../geehrte Frau ...,

hiermit kündige ich... zum ...

<u>Nennen Sie den Grund für die Kündigung, z. B.:</u>
Neue Arbeitsstelle
Keine Zeit mehr für das Training am Abend
Jetzt Mitglied im Fitnessstudio
Fitnessstudio hat 24 Stunden geöffnet

Bitte um schriftliche Bestätigung der Kündigung

Vielen Dank.

Grußformel

Unterschrift:
(Vorname/Nachname)

Sprachbausteine

Sich über Behandlungen informieren

Ich habe Probleme mit ...	Was kann ich machen?
Mein/e ... tut sehr weh.	Wer kann mir Tipps geben?
Ich habe Rückenschmerzen.	Wer kennt gute Hausmittel?

Gesundheitskurse

der Yogakurs
der Rückenkurs

Sich über Sportkurse informieren

Was kostet der Kurs?
Wann/Wo findet der Kurs statt?
Haben Sie auch Kurse am Vormittag?
Übernimmt die Krankenkasse einen Teil der Kosten?
Bieten Sie Yogakurse/Gesundheitskurse an?

Grammatik

Possessivartikel im Akkusativ

ich	du	er/es	sie	wir	ihr	sie/Sie
meinen	deinen	seinen	ihren	unseren	euren	ihren/Ihren
meine	deine	seine	ihre	unsere	eure	ihre/Ihre
mein	dein	sein	ihr	unser	euer	ihr/Ihr
meine	deine	seine	ihre	unsere	eure	ihre/Ihre

Nebensätze mit *damit*

Nimm die Tropfen,	damit **du** besser schlafen kannst.
Ich nehme die Tropfen,	damit **ich** besser schlafen kann.
Ich gebe Ihnen die Tropfen,	damit **Sie** besser schlafen können.

Personalpronomen im Dativ

ich	mir
du	dir
er/es	ihm
sie	ihr
wir	uns
ihr	euch
sie/Sie	ihnen/Ihnen

Verben + Dativ

geben | schreiben | erzählen | empfehlen | wünschen | zeigen | nehmen | helfen | kaufen | holen | schicken | schenken | bringen | leihen

	Wem? (Dativ)	Was? (Akkusativ)
Ich gebe	**Ihnen**	eine Salbe.
Ich schenke	**ihr**	einen Yogakurs zum Geburtstag.

Auf der Bank

U	N	S	C	H	A	L	T	E	R	A
B	A	N	K	A	U	T	O	M	A	T
K	R	E	D	I	T	K	A	R	T	E
Z	Ü	B	E	R	W	E	I	S	E	N
K	O	N	T	O	G	E	L	D	R	Ü

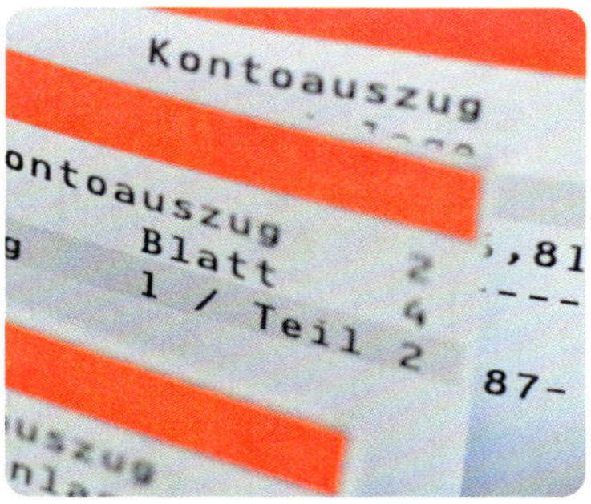

1 Am Bankschalter

23 Am Bankschalter ist viel los. Hören Sie und ergänzen Sie. Wer möchte was machen?

abheben | einzahlen | überweisen | wechseln

1

Sie möchte Geld ....

2

Er will Geld ....

3

Sie würde gern Geld ....

4

Er möchte Geld ....

Geld
ab|heben
aus|geben
bekommen
ein|zahlen
gewinnen
sparen
überweisen
verdienen
wechseln

2 Ein Konto zum Nulltarif

24 **a** Sergej kommt aus Russland. Er ist neu in Deutschland. Hören Sie das Gespräch und ergänzen Sie *der, die* oder *das*.

Sergej: Ich möchte ein Konto eröffnen. Wisst ihr, wie das geht?
Kiki: Nicht so genau, aber ich habe einen Cousin, ...1.......... bei einer Bank arbeitet. Den können wir fragen.
Sergej: Ja, gut. Sag mal, müsst ihr für euer Konto etwas bezahlen? Eine monatliche Gebühr oder so?
Moritz: Nein, ich habe ein Konto, ...2.......... kostenlos ist.
Kiki: Ich auch. Du, Sergej, ich muss sowieso zur Bank. Ich habe noch eine Rechnung, ...3.......... ich bezahlen muss. Komm doch mit und sprich mit meinem Cousin.
Sergej: Gute Idee. Kommst du auch mit, Moritz?
Moritz: Ja, ich muss zum Geldautomaten. Ich hab' keine Kohle mehr ...

Ohne Moos nix los
In der Umgangssprache gibt es viele Wörter für „Geld", z. B. Kohle, Mäuse, Moneten, Moos, Pinke.

b Erklären Sie Ihrer Partnerin/Ihrem Partner: Was möchte Sergej? Wen kennt Kiki bei der Bank? Was möchte Moritz bei der Bank machen?

c Lesen Sie und ergänzen Sie *der, die* oder *das*.

1 Ich spare **das Geld**, ... ich verdiene.
2 Ist das **der Automat**, ... defekt ist?
3 Wer ist **die nette Frau**, ... am Bankschalter arbeitet?
4 Wo finde ich **das Formular**, ... ich ausfüllen muss?
5 In dieser Broschüre finden Sie alle **Informationen**, ... Sie brauchen.
6 Ich sehe oft schöne **Sachen**, ... ich kaufen möchte.

Ich habe **eine Freundin**. **Sie** arbeitet bei einer Bank.
Ich habe **eine Freundin**, **die** bei einer Bank arbeitet.

	m.	f.	n.	Pl.
Nominativ	der	die	das	die
Akkusativ	den	die	das	die
Dativ	dem	der	dem	denen

d Lesen Sie den Dialog und variieren Sie. Verwenden Sie *den, die* oder *das*.

▶ Wo ist **die Rechnung**, **die** ich bezahlen wollte?
▷ **Sie** liegt auf dem Schreibtisch.
▶ Ach ja, danke.

das Geld – zur Bank bringen wollte | die Formulare – ausfüllen wollte | der Brief – lesen wollte

3 Kann mir jemand Geld leihen?

a Hören Sie das Gespräch zwischen Sergej und Moritz. 25
Was hören Sie? Kreuzen Sie an.

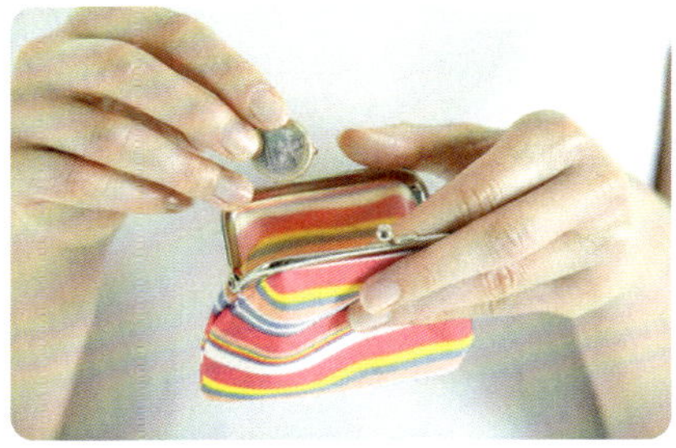

- ☐ Kann mir jemand helfen?
- ☐ Da kann dir bestimmt jemand helfen.
- ☐ Da kann dir bestimmt niemand helfen.
- ☐ Kann mir jemand fünf Euro leihen?
- ☐ Niemand hat Geld dabei.
- ☐ Hat jemand Geld dabei?

b Hören Sie noch einmal. Ist das richtig oder falsch? 25

		✓	✗
1	Sergej hat immer noch kein Konto.	☐	☐
2	Sergej weiß nicht, wie man eine Rechnung per Überweisung bezahlt.	☐	☐
3	Moritz leiht Sergej fünf Euro für den Bus.	☐	☐
4	Sergej will das Geld am nächsten Tag zurückgeben.	☐	☐

c Arbeiten Sie in kleinen Gruppen. Variieren Sie die Dialoge.

1
▶ Kann mir jemand **zwei Euro** für **einen Kaffee** leihen? Ich habe meine Geldbörse vergessen.
▷ Einen Moment, ich schaue mal nach ... Hier, bitte.
▶ Danke. Ich gebe dir das Geld morgen zurück.

der Geldschein

2
▶ Kann jemand **einen 5-Euro-Schein** wechseln? Ich brauche Kleingeld.
▷ Ich habe ein **2-Euro-Stück** und **drei 1-Euro-Stücke**.
▶ Das passt. Vielen Dank.

die Münze/das Geldstück
das 2-Euro-Stück

4 Macht Geld glücklich?

Lesen Sie die Aussagen und diskutieren Sie.

Vielleicht ein bisschen. Leute, die Geld haben, müssen sich weniger Sorgen machen. Sie können das Leben genießen.

Niemand ist glücklich, nur weil er Geld hat. Aber reiche Leute haben viele Vorteile und sie bekommen oft mehr Respekt. Das macht das Leben einfacher.

Viele Leute glauben: „Wenn du Geld hast, bist du jemand." Aber das ist Quatsch. Gesundheit und Freundschaften sind viel wichtiger!

5 Anas neues Konto

a Christian hat schon ein Konto, aber nun möchte Ana ein eigenes Konto eröffnen. Sie bekommt auf der Bank eine Broschüre mit Informationen. Lesen Sie den Text und beantworten Sie die Fragen.

www.sparbankhessen.de

DAS KOSTENLOSE BASIS-GIROKONTO*

ZUM NULLTARIF

Die Vorteile auf einen Blick:

✓ 0 € für Ihre Girokarte (Debitkarte). Damit können Sie an Geldautomaten in ganz Deutschland Bargeld abheben oder an der Kasse bargeldlos bezahlen.

✓ 0 € für Überweisungen am Automaten.

✓ 0 € für Kontoauszüge, die Sie am Automaten in der Filiale jederzeit ausdrucken können.

✓ 0 € für Online-Banking, ganz bequem von zu Hause.

*Angebot gültig für 12 Monate, ab dem 13. Monat: 4,99 € monatl. Gebühr

1 Ist das Konto kostenlos?
2 Was kann man mit der Girokarte machen?
3 Sind Überweisungen immer kostenlos?
4 Wie kann man seinen Kontostand kontrollieren?

Die Deutschen bezahlen Einkäufe meistens in bar oder mit der Girokarte (auch „EC-Karte“ oder „Debitkarte“). Immer mehr Deutsche zahlen im Alltag auch mit Kreditkarten, aber nicht alle Geschäfte in Deutschland akzeptieren Kreditkarten.

b Ergänzen Sie *dem*, *der* oder *denen*.

1 Das ist **die Bank**, bei .... ich mein Girokonto habe.
2 Sind das **die Formulare**, mit .... ich Geld überweisen kann?
3 Da drüben ist **der Mitarbeiter**, bei .... Sie das Formular abgeben können.
4 Es gibt hier viele **Läden**, in .... man mit Kreditkarte bezahlen kann.
5 Ist das **die Karte**, mit .... ich Bargeld abheben kann?

c Fragen und antworten Sie wie im Beispiel.

Ist das die Bank,
die eine neue Filiale in der Innenstadt hat?
Ist das der Laden, in dem ...?
Ist das das Formular, ...?

Ja, genau. Das ist das Formular, ...
Ich bin mir nicht sicher.
Das kann sein, dass das die Bank ist, ...
Ich glaube schon.

6 Ich zahle per Überweisung.

26 **a** Ana ist auf der Bank und spricht mit einer Mitarbeiterin. Was fragt Ana? Hören Sie und verbinden Sie.

1	Kann mir jemand sagen,	a	wo ich die Rechnungsnummer finde?
2	Können Sie mir sagen,	b	wie das geht?
3	Wissen Sie,	c	was „Zahlungsempfänger“ heißt?

b Formulieren Sie Fragen wie im Beispiel. Ihre Partnerin/Ihr Partner antwortet.

Der Kontoinhaber ist die Person, der das Konto gehört.

1 Was heißt „Kontoinhaber"? → *Weiß jemand, was „Kontoinhaber" heißt?*
2 Was bedeutet IBAN?
3 Wo kann ich Geld wechseln?
4 Wie lange ist die Bank geöffnet?
5 Wie füllt man das Formular aus?
6 Wo muss ich unterschreiben?
7 Was muss ich zuerst machen?

Weiß jemand,	**was**	das	kostet?
Kann mir jemand sagen,	**wie**	der Automat	funktioniert?
Können Sie mir sagen,	**wo**	die Bank	ist?
Wissen Sie,	**wer**	mir	helfen kann?

c Füllen Sie das Online-Formular für Ana aus. Alle Angaben finden Sie in der Rechnung.

RECHNUNG

Martins Musikladen

Ana Schmidt
Hamburger Allee 18, 60487 Frankfurt

Kundennummer: 35002557
Rechnungsnummer: 6110099-M

Liebe Kundin,
vielen Dank für Ihre Bestellung bei Martins Musikladen.

Artikel	**Bestellnummer**	**Menge**	**Betrag**
Das Gitarrenbuch	N454379	1	16,95 EUR
CD Kinderlieder	P788113	1	9,00 EUR
			25,95 EUR

Bitte begleichen Sie den Rechnungsbetrag bis spätestens 09.06.20..

Sparbank Hessen | IBAN: DE 76 9135 4017 0918 0480 77 | BIC: NADDDE99XXX

Bei Kreditinstitut: ______ Betrag in EUR: ______

Verwendungszweck: ______ + Mehr

oder Kundenreferenz: ______ Ausführungsdatum (TT.MM.JJJJ): ______

IBAN Zahlungsempfänger: ______ BIC Zahlungsempfänger: ______

Zahlungsempfänger: ______

Als Vorlage unter folgendem Namen speichern: ______

◉ Mit TAN bestätigen ○ mobile TAN anfordern

Eingaben prüfen | Eingaben löschen

IBAN (International Bank Account Number): internationale Bank-/Kontonummer

BIC (Bank Identifier Code): internationale Bankleitzahl

7 Wie wird das gemacht?

27

a Hören Sie und ergänzen Sie:

ausgedruckt | repariert | werden | wird

Und das Geld hier – das wird gespart!

Alte Dame: Entschuldigen Sie, junger Mann. Ist der Automat hier kaputt? Ich möchte einen Kontoauszug ausdrucken.

Sergej: Ja, dieser Automat ....1.......... gerade ....2.........., aber da vorne ist noch einer.

Alte Dame: Wissen Sie auch, wie der funktioniert?

Sergej: Sie müssen nur Ihre Bankkarte in den Automaten schieben. Sehen Sie, hier. Die Kontoauszüge ....3.......... dann ....4.......... .

Alte Dame: Ah ja, vielen Dank.

Der Automat	**wird**	gerade **repariert**.
Die Kontoauszüge	**werden**	**gedruckt**.

b Was wird hier gemacht?
Sehen Sie sich die Bilder an und ordnen Sie zu.

In Bild 1 ☐
In Bild 2 ☐
In Bild 3 ☐
In Bild 4 ☐

a **wird** Geld **gestohlen**.

b **wird** die PIN-Nummer **eingegeben**.

c **wird** das Sparschwein **geschlachtet**.

d **werden** Geldstücke **gezählt**.

1

2

3
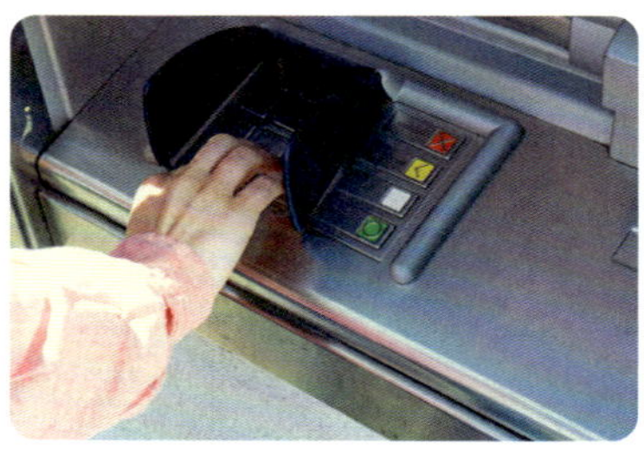

4

c Notieren Sie die Infinitiv-Formen.

1 überwiesen – ....
2 gedruckt – ....
3 gezählt – ....
4 repariert – ....
5 eingegeben – ....
6 gestohlen – ....
7 geschlachtet – ....

d Sprechen Sie.

Was wird im Unterricht gemacht?
Was wird zu Hause gemacht?

Im Unterricht wird gesprochen.

In der Küche wird gekocht.

8 Vorsicht, Diebe!

a Lesen Sie den Zeitungsartikel und kreuzen Sie an. Sind die Aussagen richtig oder falsch?

Seniorin am Geldautomaten überfallen

Rentnerin Johanna Freese steht am Freitagnachmittag vor dem Geldautomaten in ihrer Bankfiliale. Sie will 100 Euro von ihrem Sparkonto abheben – ein Geburtstagsgeschenk für ihre Enkelin.

Als sie ihre PIN-Nummer eingibt, wird sie plötzlich zur Seite gestoßen. Ein Mann drückt auf die 500-Euro-Taste, nimmt das Geld und läuft weg. Zum Glück wird der Täter von der Überwachungskamera gefilmt. Die Polizei hofft nun, dass jemand den Mann erkennt. Außerdem werden Zeugen gesucht, die den Überfall gesehen haben. Hinweise bitte an die Polizei, Telefon 454400.

Dieser Mann wird gesucht!

		✓	✗
1	Johanna Freese bringt am Freitagnachmittag Geld zur Bank.	☐	☐
2	Der Mann kennt die PIN-Nummer von Frau Freese.	☐	☐
3	Frau Freese gibt die PIN-Nummer richtig ein.	☐	☐
4	Der Mann stiehlt 100 Euro.	☐	☐
5	Die Polizei weiß noch nicht, wer der Mann ist.	☐	☐

> der Überfall
> überfallen
> Der Täter hat es getan.
> Der Zeuge hat es gesehen.

b Ihre Partnerin/ihr Partner fragt, was am Freitag in der Bank passiert ist. Erzählen Sie ihr/ihm, was passiert ist. Versuchen Sie, den Zeitungsartikel nicht abzulesen.

9 Das bringt Glück!

Der Glückspfennig

Ein Pfennig ist eine alte Münze, die wir in Deutschland nicht mehr benutzen. Heute haben wir den Cent.

Der *Glückspfennig* (oder *Glückscent*) ist ein Symbol für Glück und Reichtum. Viele Leute haben einen Glückscent in der Geldbörse. Sie glauben, dass sie dann immer genug Geld haben.

Wenn man einen Cent auf der Straße findet, soll man ihn aufheben. Viele Leute glauben, das bringt Glück. Man kann einen Glückscent auch jemandem schenken. Damit wünscht man der anderen Person Glück und Geld.

a Wie ist das in Ihrem Land? Was schenken Sie, wenn Sie einer anderen Person Glück und Reichtum wünschen möchten? Wird oft Geld geschenkt? Sprechen Sie im Kurs.

> reich ≠ arm
> der Reichtum ≠ die Armut

das Glücksschwein, das Hufeisen, der Schornsteinfeger, das Kleeblatt

b Rechts sind noch mehr Symbole, die in Deutschland Glück bedeuten. Haben diese Dinge in Ihrem Land auch eine besondere Bedeutung? Welche Symbole bedeuten in Ihrem Land Glück? Vergleichen Sie.

Sprachbausteine

Auf der Bank

das Konto, das Girokonto, das Sparkonto, die Girokarte, die Debitkarte, die Kreditkarte, der Geldautomat, die PIN-Nummer, die Überweisung, der Kontoauszug, der Kontostand, die Gebühr

Aktivitäten

ein Konto eröffnen
eine Rechnung (per Überweisung) bezahlen
einen Kontoauszug ausdrucken
die PIN-Nummer eingeben
(in) bar/bargeldlos/mit Karte (be-)zahlen

Geld

der Geldschein, die Münze, das Geldstück, das Bargeld

Aktivitäten

sparen, ausgeben, einzahlen, abheben, überweisen, leihen, gewinnen

Glück und Geld

das Symbol, das Glück, glücklich, der Glückspfennig, der Reichtum, reich, die Armut, arm

jemand/niemand

Kann mir **jemand** helfen?
Niemand weiß, wie der Automat funktioniert.

Täter gesucht!

der Überfall, überfallen, der Täter, der Zeuge, die Überwachungskamera, stehlen, schubsen, weglaufen

Grammatik

Relativpronomen

	Singular			Plural
	maskulin	**feminin**	**neutral**	
Nominativ	**der**	**die**	**das**	**die**
Akkusativ	**den**	**die**	**das**	**die**
Dativ	**dem**	**der**	**dem**	**denen**

Sätze mit Relativpronomen verbinden

2 Sätze: Ich habe **einen Cousin**. **Er** ist Bankkaufmann.

1 Satz: Ich habe **einen Cousin**, **der** Bankkaufmann ist.

Indirekte W-Fragen

Weiß jemand,	**was**	das	kostet?
Wissen Sie,	**wie**	der Automat	funktioniert?
Kannst du mir sagen,	**wo**	die Bank	ist?

Passiv Präsens: werden + Partizip II

Das Geld	**wird**		**abgehoben**.
Sie	**werden**	per SMS	**informiert**.

Das Verb *werden*

ich	werde
du	**wirst**
er/sie/es	**wird**
wir	werden
ihr	werdet
sie/Sie	werden

Freizeitvergnügen

Ich mag auch .../
Ich mag keinen ...

Ich finde, ...

Ich sehe ...

Auf dem
Foto sind ...

Ich denke, ...

In meiner
Freizeit ...

12 Es gibt so viele Freizeitmöglichkeiten!

1 Was machen Sie in Ihrer Freizeit?

Radio *Frankfurt aktuell* macht eine Umfrage. Wie verbringen die Frankfurter ihre freie Zeit?

a Hier sind drei Interviewpartner. Was denken Sie: Was machen die Leute in Ihrer Freizeit? Ordnen Sie zu.

1 Paul, 28

2 Wafaa, 21

3 Heinrich, 62

Basketball spielen: ☐

Schach spielen: ☐

kochen: ☐

28 **b** Hören Sie die drei Interviews. Wer macht was?

29 **c** Hören Sie noch zwei Interviews und ergänzen Sie die Sätze.

Frau | ~~Freund~~ | Mann | Opa | Schulklasse | Tanzschule

1 Simon spielt mit *seinem Freund* Sven Tennis.
2 Er spielt mit .... Schach.
3 Simon und Sven haben mit .... einen Surfkurs gemacht.
4 Frau Weber tanzt .... Tango.
5 Herr Weber tanzt gerne ....
6 Sie tanzen jeden Montag in ....

d Jetzt machen Sie ein Interview. Schreiben Sie drei Freizeitaktivitäten auf. Suchen Sie Personen mit diesen Hobbys in Ihrem Kurs.

Eleni, spielst du in deiner Freizeit Schach?

Raoul, kochst du gerne in deiner Freizeit?

Ja, ich spiele jede Woche Schach.

Schach spielen: Eleni
kochen:
singen:
....
....
....

e Ergänzen Sie die Possessivartikel.

1 Macht Frau Weber in .... Freizeit Sport?
2 Unternehmen Sie viel mit .... Freunden?
3 Was macht ihr in .... Urlaub?
4 Die Kinder spielen mit .... Freunden.
5 Der Junge schenkt .... Opa ein Buch.

sie/sie/Sie	er/es
ihrem/Ihrem	seinem
ihrer/Ihrer	seiner
ihrem/Ihrem	seinem
ihren/Ihren	seinen

ihr
eurem
eurer
eurem
euren

2 Veranstaltungshinweise

a Hören Sie die Radiohinweise und ordnen Sie die Tipps den Bildern zu. 30

Tipp 1 ☐ Tipp 2 ☐ Tipp 3 ☐ Tipp 4 ☐

b Hören Sie noch einmal. Sind die Aussagen richtig oder falsch? 30

		✓	✗
1	Der Segelverein bietet am Wochenende einen Kurs an.	☐	☐
2	Der Schnupperkurs kostet 25,– € am Tag.	☐	☐
3	Beim Kreativ-Tag werden Jacken genäht.	☐	☐
4	Aus altem Material werden neue Sachen gemacht.	☐	☐
5	Der *City-Poetry-Slam* findet das ganze Wochenende statt.	☐	☐
6	Der Eintritt in die Stadthalle ist frei.	☐	☐
7	Das Sommerfest beginnt um 11.00 Uhr.	☐	☐
8	Das Programm ist für jedes Alter.	☐	☐

a

b

c

d

c Korrigieren Sie die falschen Aussagen.

3 Freizeittipps

a Ordnen Sie die Überschriften den Informationen zu.

Uhrzeit	Film	Saal
18.00	Lili und der Tiger *Regie: Wim Wenders*	1
19.00	Racing Dogs *mit Til Schweiger*	5
20.00	Wedding Day *mit Diane Kruger*	2

Das OPEN-AIR-EVENT des Jahres!

Singen, tanzen und feiern Sie mit Clément Geiger!

15.07. Waldstadion

45,-€ pro Person · Einlass ab 18.00 Uhr

Vorgruppen:
Sunny Lemmon & Band · Reggae Old Stars

VON BONN NACH LINZ und zurück

Fahren Sie mit der MS Rheinprinzessin einen Tag den schönen Rhein entlang und genießen Sie die herrliche Aussicht und unsere ausgezeichnete Gastronomie.

Abfahrt: *8.00 Uhr – montags, mittwochs, samstags*
Ankunft: *18.00 Uhr*
Preis: *28,– pro Person/Kinder 14,– unter 12 Jahren frei*

a Kinoprogramm
b Schifffahrt
c Musikkonzert

b Wählen Sie eine deutschsprachige Stadt, zum Beispiel Wien, Zürich oder München. Suchen Sie Veranstaltungstipps im Internet. Welche aktuellen Freizeitangebote gibt es dort? Berichten Sie.

4 Hobbys

a Lesen Sie Stefans Bericht über sein Hobby. Welchen Sport treibt er? Wofür interessiert er sich?

Seit fünf Jahren spiele ich Fußball im Verein. Vor dem Spiel treffen wir uns erst im Café. Dann ziehen wir uns in der Umkleide um und gehen zusammen auf das Spielfeld. Wenn wir ein Spiel verlieren, ärgern wir uns natürlich. Aber oft können wir uns über einen Sieg freuen. Letzten Samstag haben wir sogar 5:1 gewonnen!!! Ich interessiere mich auch für andere Sportarten und gehe zu verschiedenen Sportveranstaltungen. Abends in der WG unterhalten wir uns oft über die letzten Sportergebnisse. Karim interessiert sich auch sehr für Fußball. Sandro nicht so. Er konzentriert sich nur auf seine Arbeit – langweilig! Wenn am Wochenende die Sonne scheint, kommen aber beide mit auf den Platz.

b Unterstreichen Sie die Verben in Stefans Text. Ergänzen Sie die Tabelle.

Reflexive Verben	ich	wir
sich treffen	*ich treffe mich*	*wir treffen ...*
sich umziehen	*ich ziehe mich um*	
sich ärgern über		
sich freuen über		
sich interessieren für		
sich unterhalten über		
sich konzentrieren auf		

c Erzählen Sie Ihrer Partnerin/Ihrem Partner von Stefans Bericht. Verwenden Sie eigene Worte.

d Welches Reflexivpronomen passt? Unterstreichen Sie.

1 Interessierst du dich/sich für Sport?
2 Wir treffen sich/uns oft am Sportplatz.
3 Ärgert ihr uns/euch auch über schlechtes Wetter am Wochenende?
4 Konzentrierst du dich/mich auf deine Hausaufgaben?
5 Freut sich/euch Stefan über jeden Sieg?
6 Ich unterhalte dich/mich mit Stefan.

sich ärgern
ich ärgere **mich**
du ärgerst **dich**
er/sie/es ärgert **sich**
wir ärgern **uns**
ihr ärgert **euch**
sie/Sie ärgern **sich**

e Fragen Sie Ihre Partnerin/Ihren Partner.

Interessierst du dich für ...?

Freust du dich über ...?

Ärgerst du dich über ...?

sich interessieren für
sich freuen über
sich ärgern über
} + Akkusativ

5 Gehen wir heute zum Fußball?

Stefan, Sandro und Karim haben einen Plan: Sie wollen öfter gemeinsam Sport machen. Stefan fragt seine Mitbewohner jeden Tag. Lesen Sie und entscheiden Sie: Gehen Sandro und Karim mit oder nicht?

Kommt ihr mit? Spielen wir Fußball?

1. Es regnet. **Deshalb** ~~gehe ich~~/gehe ich nicht mit zum Fußball. — Es regnet. **Trotzdem** gehe ich/~~gehe ich nicht~~ mit zum Fußball.
2. Es ist viel zu heiß. **Deshalb** gehe ich/gehe ich nicht mit zum Fußball. — Es ist sehr heiß. **Trotzdem** gehe ich/gehe ich nicht mit zum Fußball.
3. Es schneit. **Trotzdem** gehe ich/gehe ich nicht mit zum Fußball. — Es schneit. **Deshalb** gehe ich/gehe ich nicht mit zum Fußball.
4. Es ist sehr kalt. **Deshalb** gehe ich/gehe ich nicht mit zum Fußball. — Es ist sehr kalt. **Trotzdem** gehe ich/gehe ich nicht mit zum Fußball.

6 Deshalb bleibe ich im Bett.

a Schreiben Sie Sätze mit *trotzdem* und *deshalb*.

> ***deshalb* und *trotzdem***
> Ich bin krank.
> **Deshalb** bleibe ich im Bett.
> **Trotzdem** gehe ich zur Arbeit.

1. kein Babysitter — ich | zum Konzert fahren
2. Wetter sehr schlecht — wir | Radtour machen
3. nicht viel Geld — ich | in Urlaub fahren
4. sehr müde sein — sie | heute früh ins Bett
5. Prüfung schaffen wollen — er | viel lernen
6. wenig Freizeit haben — sie | den Job wechseln

1 Ich habe keinen Babysitter.
Deshalb fahre ich nicht zum Konzert.
Ich habe keinen Babysitter. Trotzdem fahre ich zum Konzert.
Ich nehme meine Kinder mit.

b Und Sie? Was machen Sie? Ergänzen Sie.

1. Ich habe Kopfschmerzen. Deshalb / Trotzdem ...
2. Ich habe keine Zeit. Deshalb / Trotzdem ...
3. Ich habe keine Lust. Deshalb / Trotzdem ...
4. ...

7 Freunde einladen

31 **a** Hören Sie das Gespräch. Was planen Stefan und Sandro? Schreiben Sie und tauschen Sie sich zu zweit aus.

....

b Was brauchen sie dazu? Kreuzen Sie an.

- ☐ einen großen Grill
- ☐ einen schönen Garten
- ☐ kühle Getränke
- ☐ einen sauberen Grillplatz
- ☐ eine nette Tischdekoration
- ☐ frisches Fleisch
- ☐ gute Grillkohle
- ☐ ein leckeres Brot
- ☐ eine gemütliche Küche
- ☐ eine tolle Soße
- ☐ einen gemischten Salat
- ☐ knackige Würstchen

32 **c** Hören Sie weiter. Was hat Andrej vor?

....

32 **d** Hören Sie noch einmal. Wer bringt was mit?

1 Was bringt Sandro mit? – Er bringt das .... mit.
2 Was kaufen Stefan und Sandro zusammen?
– Sie kaufen die ....
3 Was bringt Andrej mit? – Er bringt seinen .... mit.
4 Was macht Olga? – Sie macht ihren ....

Adjektive im Akkusativ

einen/meinen großen Grill
eine/meine gute Grillkohle
ein/mein leckeres Brot
--- kühle Getränke/
meine kühlen Getränke

den großen Grill
die gute Grillkohle
das leckere Brot
die kühlen Getränke

8 Was fehlt noch?

a Was passt in die Lücken? Kreuzen Sie an.

1		2		3		4	
a	☐ ein	a	☐ eine	a	☐ kein	a	☐ ein
b	☐ eine	b	☐ einen	b	☐ keine	b	☐ eine
c	☐ einen	c	☐ eins	c	☐ keinen	c	☐ einen

Ich brauche **einen** Grill. Hast du **einen**?

Hallo Sandro,

wir brauchen für die Grillparty noch eine Grillzange. Hast du ....1.... ? Wir haben auch keinen großen Tisch. Weißt du, wer ....2.... hat? Lucia möchte gerne eine Tischdecke benutzen. Sie hat aber ....3.... . Habt ihr vielleicht noch ....4.... ?

Ich freue mich auf morgen.

Gruß Stefan

b Ergänzen Sie die Dialoge. Hören Sie dann zur Kontrolle. 33

▶ Ich brauche einen Löffel. Bringst du mir bitte einen?
▷ Hier ist ....
▶ Gibst du mir mal eine Schüssel?
▷ Hier ist leider ....
▶ Sind hier irgendwo Gläser?
▷ Da drüben sind ....
▶ Ich brauche ein Messer. Hast du .... ?
▷ Ich bringe dir ....
▶ Suchst du eine Grillzange?
▷ Ja, aber ich finde ....
▶ Hast du ein Feuerzeug?
▷ Nein, tut mir leid, ich habe ...., aber Sandro hat ....

Ich brauche ...	Hier ist ...
einen Teller.	**einer/keiner**.
eine Gabel.	**eine/keine**.
ein Glas.	**eins/keins**.
Löffel.	Hier sind **welche/keine**.

c Spielen Sie Dialoge.

Hast du ...	einen	Teller	Hier ist ...
Haben wir ... (noch)	eine	Gabel	Ich habe ...
Gibst du mir bitte ...	ein	Löffel	Da ist ...
Ich brauche ...	---	Messer	Dort ist ...
Möchtest du ...?		Glas	Im Keller/In der Küche ... ist/sind noch ...
Ich suche ...	keinen	Flasche	
	keine	Würstchen	
Ich finde ...	kein	Bier	
Brauchen wir ...?	---	Grillkohle	

9 Etwas zusammen unternehmen

Arbeiten Sie zu zweit. Sie beide möchten nach dem Deutschunterricht noch etwas zusammen unternehmen. Machen Sie Vorschläge. Was machen Sie? Warum? Warum nicht? Finden Sie zwei passende Aktivitäten.

Teilnehmer/in A

- ins Kino gehen

- einen Spaziergang im Park machen

- einen Kaffee trinken

- in die Bibliothek gehen
- ...

Teilnehmer/in B

- die Hausaufgaben für den Deutschkurs machen

- etwas essen gehen

- Sport machen

- ins Stadtzentrum gehen
- ...

Sprachbausteine

Freizeitaktivitäten

Sport
Sport machen/treiben, Basketball/Fußball/Tennis spielen
surfen, tanzen, Schach spielen

Essen
backen, grillen, kochen, das Getränk, das Fleisch, das Würstchen, die Soße, der Salat, das Geschirr, der Teller, das Glas, das Besteck, die Gabel, der Löffel, das Messer, der Grill, die Grillkohle, der Grillplatz, grillen, der Garten, das Feuerzeug

Etwas unternehmen
der Veranstaltungstipp
das Freizeitangebot,
das Kino,
das Konzert,
der Kurs,
das Programm,
die Schifffahrt,
das Sommerfest

Reflexive Verben
sich ärgern (über), sich freuen (über), sich interessieren (für), sich konzentrieren (auf), sich treffen (mit), sich umziehen, sich unterhalten (mit/über)

Grammatik

Wen? Akkusativ	Wen? Akkusativ	Wer? Nominativ
Ich brauche **einen** Teller.	Ich brauche **einen**.	Hier ist **einer**.
Gibst du mir bitte **eine** Gabel?	Hier hast du **eine**.	Da ist **eine**.
Hast du **ein** Glas?	Ich habe **eins**.	Hier ist **eins**.
Haben wir noch Löffel?	Wir haben noch **welche**.	In der Küche sind noch **welche**.

Reflexive Verben

Sie freut **sich** auf das Volleyballspiel. → sich freuen

Wir treffen **uns** oft im Café. → sich treffen

Sie ziehen **sich** vor dem Spiel um. → sich um|ziehen

trotzdem (Gegensatz)

Das Wetter ist nicht gut.
Trotzdem machen **wir** eine Grillparty.

deshalb (Grund)

Ich bin krank.
Deshalb bleibe **ich** im Bett.

Adjektive im Akkusativ

Akkusativ	Singular			Plural
	maskulin	**feminin**	**neutral**	
bestimmter Artikel	**den** großen Grill	**die** gute Grillsoße	**das** leckere Brot	**die** kühlen Getränke
unbestimmter Artikel	**einen** großen Grill	**eine** gute Grillsoße	**ein** leckeres Brot	--- kühle Getränke
Possessivartikel	**meinen** großen Grill	**meine** gute Grillsoße	**mein** leckeres Brot	**meine** kühlen Getränke

Arbeitsbuch

Im Arbeitsbuch finden Sie:

- ein separates Aussprachetraining, mit dem Sie von Beginn an Ihre Aussprache verbessern können
- vertiefende Übungen zu allen sechs Lektionen im Kursbuch, die Sie im Unterricht oder zu Hause machen können
- den Lernwortschatz jeder Lektion zusammengefasst, mit viel Platz zum Bearbeiten

Inhalt

1 Die E-Laute

34 **a** Hören Sie die Wörter und achten Sie auf die markierten E-Laute. Welche Unterschiede hören Sie?

bitt**e** | viel**e**n Dank | M**ä**dchen | **e**s | l**e**s**e**n | s**e**hr | B**e**such | G**e**schicht**e**

b Sprechen Sie die Wörter und kreuzen Sie das richtige Merkmal für jeden E-Laut an.

Beispiele		lang	kurz	reduziert
s**e**hr	[eː]			
es	[ɛ]			
M**ä**dchen	[ɛː]			
bitt**e**	[ə]			

TIPP

Im Deutschen gibt es vier verschiedene E-Laute. Es gibt lange und kurze E-Laute (diese Charakteristik ist wie bei den anderen Vokalen *a*, *i*, *o* und *u*), die aber **gespannt**, **ungespannt** oder **reduziert** gesprochen werden können:

[eː]	*e, eh, ee*	lang, gespannt	W**e**g, s**e**hen, T**ee**
[ɛ]	*e, ä*	kurz, ungespannt	st**e**llen, kr**ä**ftig
[ɛː]	*ä, äh*	lang, ungespannt	sp**ä**t, z**ä**hlen
[ə] (Murmelvokal)	e	reduziert, ungespannt	b**e**ginn**e**n

c Hören Sie die folgenden Sätze und achten Sie auf die E-Laute. 35

1 Mir geht es gut.

2 Petra schmeckt der Kaffee nicht.

3 Herr Seemann rennt in die Universität.

4 Stephan, zählst du das Geld?

5 Erik lebt in England.

d Hören Sie noch einmal und markieren Sie die E-Laute in Aufgabe 1c. Entscheiden Sie, welche E-Laute lang oder kurz sind. Sprechen Sie danach die Wörter. 35

kurz: *es,* ....

lang: *geht,* ....

e Kreuzen Sie an: Welchen E-Laut hören Sie? Sprechen Sie danach die Sätze. 36

	[ə] bitte	[e:] sehr	[ɛ:] Mädchen	[ɛ] es
Willkommen in Berlin!				
Sie ist sehr nett.				
Warum trägst du ein Hemd?				
Er ist auf dem Berg.				
Lesen macht intelligent!				
Häng bitte die Wäsche auf!				

2 Die Plosive und die Auslautverhärtung

a Hören Sie die Wortpaare. Was fällt Ihnen auf? 37

Paar **B**ar

Karten **G**arten

tanken **d**anken

b Ergänzen Sie die Regeln.

Luft | schwach | Lippen | stark

Konsonanten sind im Deutschen entweder ______1______ (**P**aar, **K**arten, **t**anken) oder ______2______ (**B**ar, **G**arten, **d**anken). Wenn Sie die Konsonanten *p*, *k* und *t* sprechen, öffnen sich Ihre ______3______ mit einer kleinen Explosion. Dabei entsteht viel ______4______. Wenn Sie die Aussprache von *p*, *k* und *t* üben möchten, dann nehmen Sie ein Blatt Papier und halten Sie es vor Ihre Lippen. Sprechen Sie dann ein Wort mit *p*, *k* und *t*. Bewegt sich das Papier? Wenn ja, haben Sie es richtig gemacht!

c Üben Sie. Nehmen Sie ein Blatt Papier vor den Mund und sagen Sie die folgenden Wörter. Wichtig: Das Papier muss sich bewegen!

Pa**p**ier | **T**ier | **K**uss | Musi**k** | **G**itarre | sa**g**en | **b**a**d**en | **d**an**k**e

38 **d** Hören Sie den Dialog. Achten Sie auf die markieren Laute. Was hören Sie?

▶ Guten Ta**g**, Herr Schmidt!
▷ Guten Ta**g**, Frau Schmie**d**!
▶ Können Sie mir sagen, wie spät es ist?
▷ Ja, gern! Es ist hal**b** drei.
▶ Was? Schon hal**b** drei? Ich muss mein Kin**d** vom Kindergarten a**b**holen! Sie hat heute Geburtsta**g**!
▷ Oh! Dann alles Gute und viele Grüße an Ihren Mann und Ihren Hun**d**!

e Ergänzen Sie die Regel.

d, *g* und *b* spricht man am Wort- oder Silbenende wie ____________ Dieses Phänomen nennt man **Auslautverhärtung**, weil der Laut am Ende des Wortes hart gesprochen wird.

39 **f** Notieren Sie die Singularform. Hören Sie die Lösung und vergleichen Sie. Sprechen Sie danach.

Singular	Plural
	Tage
	Wege
	Hunde
	Kinder
	Urlaube
	Körbe
	Häuser
	Mäuse
	Detektive
	Motive

g Wortdiktat. Stellen Sie ein Buch auf die Linie in der Mitte der Tabelle. Diktieren Sie Ihrer Partnerin/Ihrem Partner die Wörter. Vergleichen Sie danach.

Her**b**st	
	Hambur**g**
Samsta**g**	
	Frem**d**sprache
gel**b**	
	gesun**d**
deshal**b**	
	Ber**g**
Gel**d**	
	ich ma**g**
a**b**fahren	

3 Der H-Laut

a Hören Sie die folgenden Wörter. Markieren Sie, in welchen Wörtern Sie das *h* hören. 40

Hose | sehen | hier | Krankenhaus | Lehrer | gehen | Gesundheit | aufstehen | anhalten

b Kreuzen Sie an: Was ist richtig?

Ich höre das *h*

a am Wort- oder Silbenanfang (Hose, anhalten). ja ☐ nein ☐

b in der Wortmitte (sehen, aufstehen). ja ☐ nein ☐

c Nehmen Sie einen kleinen Spiegel. Sprechen Sie die Wörter aus Aufgabe 3a und achten Sie auf die richtige Aussprache von *h*.

4 Der Vokalneueinsatz

41 **a** Hören Sie die folgenden Wörter und konzentrieren Sie sich auf die markierten Laute. Was passiert beim Sprechen?

wi**e** **h**ier	wi**e** **i**hr
au**s** **H**essen	au**s** **E**ssen
i**m** **H**aus	i**m** **A**us
di**e** **H**älfte	di**e** **E**lfte
e**s** **h**eilt	e**s** **e**ilt
ver**ha**lten	ve**ra**lten

TIPP

Wenn ein Wort oder eine Silbe mit einem Vokal beginnt, wird dieser nicht mit dem letzten Laut der vorangegangenen Silbe oder des vorangegangenen Wortes verbunden.
Man setzt die Stimme neu ein, dieses Phänomen nennt man **Vokalneueinsatz**. Den **Vokalneueinsatz** findet man am Anfang eines Wortes oder am Anfang einer Silbe. Beim Sprechen sollten Sie eine kurze Pause machen, damit der Vokalneueinsatz bemerkt wird.

Den Vokalneueinsatz gibt es:

a) am Wortanfang: a**m** **ˀA**bend

b) am Anfang der Silbe im Wort: Ve**rˀa**ntwortung

b Finden Sie die Regeln. Kreuzen Sie an. Was ist richtig?

1 Wie ist es richtig? Au**s** **E**ssen oder au**s** **ˀE**ssen?

2 Wenn man den Vokal am Anfang spricht, macht man eine kurze Pause zwischen den Wörtern.
Beispiel: aus ˀEssen richtig ☐ falsch ☐

3 Die Sprechpause macht man nur am Anfang eines Wortes oder am Anfang einer Silbe.
Beispiel: arbeiten, verˀabreden richtig ☐ falsch ☐

42 **c** Welches Beispiel aus Aufgabe 4a hören Sie? Notieren Sie.

1 ………………………… 4 …………………………

2 ………………………… 5 …………………………

3 ………………………… 6 …………………………

d Markieren Sie den Vokalneueinsatz mit einem „ˀ“. Sprechen Sie die Wörter danach laut.

Verantwortung | Wochenende | Eröffnung | einundzwanzig | beantworten | Grammatikübung | gegenüber | beenden | verändern | am Abend

1 Ein Einkaufsbummel

a Wo kaufen die Personen ein?

der Blumenladen | der Buchladen | der Elektroladen | das Modegeschäft | die Parfümerie | das Schmuckgeschäft | das Schuhgeschäft | das Sportgeschäft

1 *im Modegeschäft*

2 ……………

3 ……………

4 ……………

5 ……………

6 ……………

7 ……………

8 ……………

b Was können Sie in den Geschäften aus Aufgabe 1a kaufen? Schreiben Sie.

1 *Im Modegeschäft kann ich T-Shirts, Hosen und Kleider kaufen.*

2 ……………

3 ……………

4 ……………

5 ……………

6 ……………

7 ……………

8 ……………

2 Welche anderen Wörter für *schön* finden Sie?

Ä	F	A	N	T	A	S	T	I	S	C	H
Z	O	V	S	K	L	A	S	S	E	H	M
T	M	S	W	Q	Y	H	N	C	D	Ü	V
O	W	U	D	E	R	S	U	H	O	B	X
L	R	P	C	H	K	I	E	I	L	S	O
L	Ä	E	T	A	Z	J	L	C	U	C	M
B	D	R	P	R	B	Ö	Q	K	I	H	T
W	U	N	D	E	R	B	A	R	V	H	W

1 ....
2 ....
3 ....
4 ....
5 ....
6 ....
7 ....

3 Im Modegeschäft

43 **a** Ergänzen Sie die Artikel. Hören Sie dann den Dialog zur Kontrolle.

▶ Also, wir müssen unbedingt noch einen Anzug für mich finden.
▷ Ja. Und ich brauche ein Kleid und eine Strickjacke.
▶ Siehst du ....1........ Anzug dort im Schaufenster? ....2........ ist doch wunderbar, oder?
▷ Ja, das stimmt. Wie viel kostet ....3........?
▶ ....4........ kostet 199 €. ....5........ möchte ich gern anprobieren. Lass uns reingehen. Vielleicht findest du ja auch etwas.
▷ Schau mal, hier gibt es auch Kleider. Ist ....6........ hier nicht toll? Ich liebe Rot.
▶ Oh ja, ...7........ finde ich auch schön, aber ....8........ ist sehr teuer. ....9........ kostet fast 200 €.
▷ Ach, ...10........ ist teuer? Der Anzug kostet auch fast 200 €.
▶ Du hast recht.
▷ Ich möchte ....11........ haben. Und hier gibt es auch Strickjacken. ....12........ passt zum Kleid, oder?
▶ Ja, ...13........ ist schön. Und ....14........ kostet nur 45 €. Das geht.
▷ Dann haben wir ja alles. Lass uns alles anprobieren! Wo sind denn ....15........ Umkleidekabinen?
▶ Ja, ...16........ sind dort hinten.

b Lesen Sie und ergänzen Sie. Markieren Sie Nominativ (N) und Akkusativ (A). Hören Sie dann die Dialoge zur Kontrolle. 44

1 ▶ Entschuldigung, haben Sie *das (A)* ______ Hemd auch in Größe XXL?
▷ Nein, ______ haben wir leider nur noch in XL.
▶ Vielleicht passt mir ______ ja auch. Ich möchte ______ gern haben, weil ______ wirklich schön ist.
▷ Na also, ______ passt Ihnen perfekt.

2 ▶ Sag mal, wie findest du ______ Mütze?
▷ ______ ist sehr hübsch und gar nicht so teuer. ______ kostet ja nur 19 €.
▶ Ja, das denke ich auch. ______ nehme ich. So ein Schnäppchen.

3 ▶ Siehst du ______ Rock dort hinten?
▷ Wow, ______ ist richtig schick. ______ musst du unbedingt anprobieren.
▶ Ja, ______ will ich haben. Hoffentlich passt ______ mir.

4 Ein Paar oder ein paar? 2

Was passt am besten? Ordnen Sie zu.

~~Schuhe~~ | Minuten | Ohrringe | Bücher | Stifte | Stiefel | Personen | Tage | Handschuhe | Euro | Socken | Sachen | Tassen | Würstchen

ein Paar	ein paar
Schuhe	

5 Im Sportgeschäft 2

a Was können Sie alles kaufen? Bilden Sie Wörter.

laufen	Jacke	
Sport	Flasche	
schlafen	Sack	
Winter	Schuhe	*die Laufschuhe*
schwimmen	Rucksack	
Fahrrad	Brille	
trinken	Bekleidung	
wandern	Helm	

b Kennen Sie noch andere Wörter, die aus Nomen + Nomen oder Verb + Nomen gebildet werden? Notieren Sie.

....

....

....

6 Wie sehen die Dinge aus? Notieren Sie Farbe und Muster. 3

1 
2 
3 

rot, kariert .... | .... | ....

7 Die Beschreibung 4

a Ergänzen Sie die Tabelle.

	Singular						Plural	
Nominativ	**der** grün....	Schuh	**die** blau....	Tasche	**das** grau....	Hemd	**die** gelb....	Stifte
Akkusativ	**den** grün....	Schuh	**die** blau....	Tasche	**das** grau....	Hemd	**die** gelb....	Stifte

b Was ist das auf den Fotos in Aufgabe 6? Ergänzen Sie.

der karierte Schuh .... | .... | ....

c Ergänzen Sie die richtigen Formen.

1 Das .... (klein) Kind sieht den .... (schwarz) Hund.

2 Die .... (alt) Frau kauft das .... (rot) Sofa.

3 Der .... (hübsch) Mann nimmt heute das .... (schnell) Auto.

4 Die .... (fleißig) Schüler machen die .... (schwer) Hausaufgaben.

5 Wie alt ist der .... (neu) Student?

6 Wie viel kosten die .... (grün) Laufschuhe?

7 Gefällt dir das .... (gestreift) oder das .... (einfarbig) Hemd besser?

8 Siehst du die .... (wunderschön) Uhr dort?

8 Im Kaufhaus 5

a Ordnen Sie die Wörter den Oberbegriffen zu. Schreiben Sie auch die Artikel.

~~Ball~~ | Bikini | Bluse | Hemd | Kleid | Puppe | Rasierapparat | Toaster | Unterhemd | Wasserkocher

Bademode	Damenbekleidung	Elektrogeräte	Herrenbekleidung	Spielwaren
				der Ball

b Welche Wörter passen noch zu den Oberbegriffen? Ergänzen Sie die Tabelle.

c Sie möchten ein paar Sachen kaufen. Sie sehen sich den Wegweiser an. In welchem Stockwerk finden Sie die Sachen? Kreuzen Sie an.

		a	b	c
1	Sie suchen rote Schuhe für ein Mädchen.	☐ EG	☐ 1. OG	☐ 2. OG
2	Sie brauchen einen neuen Toaster.	☐ UG	☐ EG	☐ 2. OG
3	Sie möchten einen Kaffee trinken.	☐ UG	☐ 2. OG	☐ 3. OG
4	Sie wollen Schokolade kaufen.	☐ UG	☐ EG	☐ 3. OG
5	Sie suchen einen schicken Bikini für Ihre Schwester.	☐ EG	☐ 1. OG	☐ 2. OG

3. OG **Wohnen und Schlafen**
Kochutensilien (Töpfe, Pfannen, Messer), Geschirr, Besteck, Gläser, Wohn-Accessoires, Lampen und Leuchten, Teppiche, Heimtextilien, Badtextilien, Bettwäsche, Kopfkissen, Bettdecken
Restaurant-Café, Kundentoiletten

2. OG **Kinder**
Bekleidung, Schuhe, Babyartikel, Spielwaren
Elektronik
Elektrogroßgeräte, Küchenkleingeräte, Kaffeemaschinen, Staubsauger, Bügeleisen

1. OG **Damen und Herren**
Bekleidung, Abendmode, Strandmode, Unterwäsche, Schuhe, Accessoires

EG **Uhren und Schmuck**
Damen-, Herren-, Kinderuhren, Wecker, Ketten, Ohrringe, Ringe
Taschen und Koffer
Handtaschen, Geldbörsen, Aktentaschen, Rucksäcke, Sporttaschen, Koffer, Reisetaschen, Schulranzen

UG **Bücher und Zeitschriften, Dekoration, Süßwaren, Feinkost, Friseur**

9 Beschreibungen 6

a Ergänzen Sie die Tabelle.

	Singular						Plural	
Nominativ	ein schön	Ring	eine alt	Kette	ein neu	Armband	bunt	Ohrringe
Akkusativ	einen schön	Ring	eine alt	Kette	ein neu	Armband	bunt	Ohrringe

b Ergänzen Sie die richtigen Formen.

1 Im Fernsehen sucht eine .... (jung) Frau einen .... (neu) Mann.
2 .... (klein) Kinder haben oft .... (groß) Hunger.
3 Das ist aber ein .... (günstig) Angebot.
4 Es war einmal eine .... (alt) Hexe.
5 War das nicht ein .... (herrlich) Urlaub?
6 Entschuldigung, ich suche eine .... (groß), ... (braun) Handtasche.
7 Hast du das .... (neu) Auto von Jan gesehen? Es ist ein .... (klein) VW.

c Schreiben Sie die Sätze.

1 Katze | grau | suchen | Maus | klein
Die graue Katze sucht eine kleine Maus.

2 Junge | klein | brauchen | Rucksack | neu
....

3 Frau | groß | finden | Kleid | günstig
....

4 Männer | alt | haben | oft | Haare | wenig
....

10 Personenbeschreibung 7

1

2

3

4

a Beschreiben Sie die Personen.

1 Der Mann ist jung und schlank. Er hat kurze, braune Haare. Er trägt …

b Beschreiben Sie eine Person.

Wie sieht Ihre Frau/Ihr Mann/Ihre Tochter/Ihr Sohn/Ihre Freundin/Ihr Freund aus?
Was trägt sie/er gern?

Sie/Er ist groß/klein/schlank/dünn/dick.	Sie/Er hat helle/dunkle/blonde/braune/ schwarze/graue/glatte/lockige/ wenig/viele/keine Haare.	Sie/Er hat blaue/braune/grüne/graue Augen.
Sie/Er hat ein Tattoo. Er hat einen Bart.	Sie/Er trägt gern ein blaues, schwarzes, grünes Hemd … eine blaue, schwarze, grüne Hose … einen blauen, schwarzen, grünen … Pullover … Sie/Er hat oft ein rotes/gelbes T-Shirt/… an.	

11 Backen – braten – frittieren – kochen 8

a Was kann man backen/braten/frittieren/kochen? Ordnen Sie zu.

Wurst | Fisch | Gemüse | Kartoffeln | Kekse | Kuchen | Muffins | Nudeln | Pommes | Reis | Schnitzel | Schweinefilet | Steak | Suppe | Gulasch

backen	braten	frittieren	kochen

b Kennen Sie noch andere Speisen, die man backt/brät/frittiert/kocht? Ergänzen Sie die Tabelle.

12 Im Restaurant 9–10

Was sagt der Kellner und was sagt der Gast? Hören Sie den Dialog und ordnen Sie die Sätze. 45

- [ ] Möchten Sie eine Nachspeise?
- [ ] Kann ich Ihnen etwas zu trinken anbieten?
- [ ] Darf ich Ihnen etwas zu essen empfehlen?
- [1] Was kann ich für Sie tun?
- [ ] Darf es noch etwas sein?
- [ ] Was möchten Sie als Hauptspeise?
- [ ] Ich hätte gern ein stilles Wasser.
- [ ] Nein, danke, die Rechnung bitte.
- [ ] Ich würde gerne die Käsespätzle probieren.
- [ ] Das macht zusammen 23,50 Euro.
- [ ] Oh ja, ich hätte gern das Vanilleeis mit heißen Himbeeren.

Lernwortschatz

Schreiben Sie die Pluralformen.

Geschäfte/Läden

der Blumenladen *die Blumenläden*
der Buchladen
das Modegeschäft
die Parfümerie
das Schmuckgeschäft
das Schuhgeschäft
das Sportgeschäft

schön

fantastisch
hübsch
klasse
schick
super
toll
wunderbar
wunderschön

Zeichnen Sie.

Muster

gepunktet
gestreift
kariert

Personenbeschreibung

groß/klein
schlank/dünn/dick
hell/dunkel/blond/braun/schwarz/grau
glatt/lockig
das Tattoo, die Tattoos
der Bart, die Bärte
tragen
anhaben

In der Küche

backen
braten
frittieren
kochen

Notieren Sie Beispiele.

Im Restaurant

die Speisekarte
die Vorspeise *der Salat*
die Hauptspeise
die Nachspeise
die Suppe
das vegetarische Gericht
das Fischgericht
das Fleischgericht

1 Berufe

a Welche Berufe finden Sie? Wer arbeitet im Büro und wer nicht? Ordnen Sie zu.

B	U	C	H	H	A	L	T	E	R	Z	M	T	L	L
S	U	J	K	S	V	Y	W	M	L	I	G	D	F	E
E	E	I	N	F	O	R	M	A	T	I	K	E	R	H
K	B	U	E	R	O	K	A	U	F	M	A	N	N	R
R	B	A	E	C	K	E	R	I	N	R	X	N	B	E
E	Y	Q	T	O	O	E	S	R	T	R	F	I	P	R
T	W	A	A	R	C	H	I	T	E	K	T	H	I	M
A	E	R	G	H	H	B	N	K	M	L	G	S	R	T
E	F	H	A	U	S	M	A	N	N	T	A	R	Z	T
R	G	R	A	F	I	K	E	R	I	N	U	L	A	X

Im Büro	Nicht im Büro
der Buchhalter	

b Welche Berufe kennen Sie noch? Ergänzen Sie die Tabelle.

2 *Könnte – wäre – sollte – hätte – würde* 1

a Ergänzen Sie die Konjunktiv-II-Formen.

Infinitiv		sollen			werden
ich	*könnte*				
du					
er/sie/es			*wäre*		
wir					*würden*
ihr				*hättet*	
sie/Sie					

b Schreiben Sie die Sätze im Konjunktiv II.

1 Kannst du mich bitte kurz zurückrufen?

2 Sie sollen am Arbeitsplatz nicht rauchen.

3 Hast du einen Bleistift für mich?

4 Können wir uns um 15.00 Uhr zu einer Besprechung treffen?

5 Du sollst dringend zu Claudia ins Büro gehen.

6 Habt ihr morgen Zeit?

c Was sind die Personen? Was wären sie gern? Schreiben Sie Sätze.

1 Peter – Sekretär – Chef
Peter ist Sekretär, aber er wäre gern Chef

2 Viktor und Gunnar – Krankenpfleger – Arzt

3 Marit – Bürokauffrau – Buchhalterin

4 ich – ? – ?

5 Eine Freundin / Ein Freund – ? – ?

3 E-Mails lesen und beantworten 2

a Lesen Sie die E-Mails. Sind die Aussagen richtig oder falsch?

von	k.fried@betriebde.de
an	s.smith@betriebde.de
Betreff	Vertretung bei Besprechung

Liebe Sharon,

ich habe eine Bitte an dich. Könntest du morgen um 10.00 Uhr für mich zur Besprechung mit Herrn Beck von der Firma Lichtner & Co. gehen? Ich habe leider schon einen anderen Termin. Herr Beck hat aber nur morgen Vormittag Zeit. Passt dir das?

Herzlichen Dank und liebe Grüße

Karol

		✓	✗
1	Sharon soll mit Herrn Beck sprechen.	☐	☐
2	Karol arbeitet bei der Firma Lichtner & Co.	☐	☐
3	Herr Beck könnte auch am Nachmittag.	☐	☐

von	b.henning@betriebde.de
an	kollegen@betriebde.de
Betreff	Firmenwagen Smart nicht im Parkhaus

Liebe Kolleginnen und Kollegen,

wie ihr alle wisst, haben wir seit einem Monat vier neue Firmenwagen.
Bis jetzt gab es keine Probleme. Seit gestern steht ein Smart aber nicht im Parkhaus. Wisst ihr, wo sich das Auto befindet? Frau Gonzales braucht es dringend für eine Geschäftsreise nach München. Bitte meldet euch bei Frau Klaus, wenn ihr den Smart gesehen habt.

Vielen Dank!

Boris

		✓	✗
4	Alle Firmenwagen stehen im Parkhaus.	☐	☐
5	Frau Gonzales muss nach München fahren.	☐	☐
6	Alle Kollegen sollen dringend Frau Klaus anrufen.	☐	☐

b Antworten Sie auf eine der beiden E-Mails.

von	
an	
Betreff	

4 Viel zu tun! 3

a Welche Verben sind trennbar? Schreiben Sie die richtigen Formen auf.

abhören	schließen	ausschalten
ich *höre ab*	er ………	wir ………
herunterfahren	legen	ausdrucken
du ………	sie ………	er ………
aufmachen	zuschließen	öffnen
ich ………	du ………	ihr ………

b Hören Sie. Was soll die neue Kollegin abends alles machen? Ordnen Sie zu. 46

1 das Fenster
2 die Computer (Pl.)
3 den Anrufbeantworter
4 die Alarmanlage
5 das Licht
6 die Tür

a anmachen
b ausschalten
c einschalten
d herunterfahren
e zumachen
f zuschließen

c Schreiben Sie die Anweisungen aus Aufgabe 4b im Imperativ.

Du	Sie
Mach das Fenster zu!	*Machen Sie das Fenster zu!*

5 Vermeidung von Bränden

47

a Hören Sie den Vortrag. Sind die Aussagen richtig oder falsch?

		✓	✗
1	In der Firma gab es noch keinen Brand.	☐	☐
2	Der Chef sagt etwas zur Vermeidung von Bränden.	☐	☐
3	Die Mitarbeiter sollen keine defekten Geräte benutzen.	☐	☐
4	Kaputte Geräte müssen ins Sekretariat gebracht werden.	☐	☐
5	Im Aufenthaltsraum dürfen die Mitarbeiter rauchen.	☐	☐
6	In der Firma gibt es einen Brandmelder.	☐	☐
7	Fenster und Türen sollen geöffnet werden.	☐	☐
8	Die Mitarbeiter sollen die Treppe benutzen.	☐	☐

b Was ist das?

....

....

c Was darf man im Büro nicht? Schreiben Sie Sätze.

~~Steckdosen nicht überlasten~~ | keine defekten Geräte benutzen | nicht rauchen | keinen Kabelsalat produzieren | keine Kerzen und Teelichter anzünden

1 *Sie dürfen die Steckdosen nicht überlasten.*

2 ....

3 ....

4 ....

5 ....

6 Aufgaben von Praktikanten im Architekturbüro *Klein & Partner* 6

a Im Architekturbüro *Klein & Partner* arbeitet seit heute eine Praktikantin. Hören Sie den Text zweimal. Was sollte die Praktikantin im Büro und auf der Baustelle machen? Kreuzen Sie an. 48

im Büro	auf der Baustelle
☐ Schreibtisch ordentlich halten	☐ Warnweste anziehen
☐ beim Telefonieren aufstehen	☐ Schutzhelm tragen
☐ Stuhl richtig einstellen	☐ Arbeitsschuhe anziehen
☐ drei kleine Pausen machen	☐ vorsichtig sein
☐ eine Stunde Mittagspause machen	☐ nie allein auf die Baustelle gehen

b Schreiben Sie die Ratschläge für die Praktikantin.

1 *Sie sollten Ihren Schreibtisch immer ordentlich halten.*

2 ……

3 ……

4 ……

5 ……

6 ……

7 Krankheitsvertretung 7

Sie arbeiten als Grafikerin in einem Büro. Sie sind krank. Ein Kollege muss Sie vertreten. Schreiben Sie Ihrem Kollegen eine E-Mail, was er tun muss.

8.00	*Arbeitsbeginn, E-Mails lesen*
9.00	*Besprechung mit Frau Starke (Flyer: Layout?, Farben?)*
10.00	
11.00	*Telefonkonferenz mit Herrn Winter*
12.00	*Mittagspause*
13.00	
14.00	*Flyer an Frau Sanchez schicken*
15.00	
16.00	*Frau Sanchez anrufen (Flyer ok?)*

von

an

Betreff

Lieber Mehmet,

…

8 Sie antwortet ihm. 6

a Welche Verben brauchen den Dativ? Sortieren Sie.

1 t e n w o r a n t *antworten*
2 h f e n e l
3 e n h ö r z u
4 f o n e t e l i e r e n
5 e n h ö r g e
6 e i b e n s c h r
7 s c h z u e n a u
8 b e i a r t e n   i n .... *in*

b Ergänzen Sie die Possessivartikel.

1 Ich helfe (ich) *meiner* Kollegin gern.
2 Frau Pauli schreibt (sie) .... Chef eine kurze E-Mail.
3 Das Fachbuch gehört (wir) .... Praktikanten.
4 Sie arbeitet auch in (ihr) .... Büro, oder?
5 Antwortest du (wir) .... Kundin auf die Anfrage?
6 Der Sekretär hört (er) .... Chefin genau zu.
7 Telefonierst du schon wieder mit (du) .... Frau?

c Schreiben Sie Sätze.

1 ich | zuhören | Kunde | (du) | genau | . *Ich höre deinem Kunden genau zu.*
2 du | arbeiten in | (wir) | Firma | ?
3 er | antworten | (er) | Kollegen | .
4 sie | telefonieren | (sie) | Mann | ?
5 wir | zuschauen | (wir) | Chef | .
6 ihr | schreiben | (ihr) | Partner | ?
7 Sie | helfen | (Ihr) | Kunden | ?

9 Beim Telefonieren bitte beachten! 6

Was muss man beachten, wenn man telefoniert? Geben Sie einer Kollegin Anweisungen.

1 Stift und Papier bereithalten *Halt immer einen Stift und Papier bereit!*
2 deutlich sprechen
3 Name des Anrufers notieren
4 Zeit des Anrufs aufschreiben
5 Grund für den Anruf notieren
6 Fragen aufschreiben

10 So ein Stress! 6

a Lesen Sie die E-Mail. Unterstreichen Sie alle Konjunktiv-II-Formen.

von	b.burk@betriebde.de
an	l.mohn@betriebde.de
Betreff	Urlaubsübergabe

Liebe Laura,
wie du weißt, habe ich ja ab morgen zwei Wochen Urlaub. Ich freue mich schon sehr, aber ich hätte noch ein paar Dinge, die du machen müsstest.
Könntest du bitte Frau Veit noch einmal anrufen? Bitte sag ihr, dass die Besprechung am 27.10. um 10.00 Uhr bei uns im Büro stattfindet. Für die Besprechung am 27.10. müsste auch der Besprechungsraum vorbereitet werden. Würdest du das bitte machen?
Würdest du bitte auch noch das Protokoll von dem Treffen gestern schreiben? Und würdest du es gleich an die Kunden schicken? Ich habe ihnen versprochen, dass sie es so schnell wie möglich bekommen.
Eine letzte Bitte habe ich noch. Könntest du bitte die Blumen in meinem Büro gießen?

Herzlichen Dank und bis bald
Brigitte

b Lesen Sie noch einmal. Was soll Laura tun? Markieren Sie die fünf Aufgaben im Text. Schreiben Sie sie dann im Imperativ.

1 *Ruf bitte Frau Veit noch einmal an!*
2 ……
3 ……
4 ……
5 ……

11 Melanies Alltag 7

Lesen Sie. Was macht Melanie beruflich? Kreuzen Sie die richtige Antwort an.

Ich arbeite in einem Büro als Architektin. Unsere Firma ist noch ziemlich klein, aber sie wächst stetig. Zurzeit sind wir acht Architekten.
Meine Aufgaben sind sehr vielfältig. Vor allem plane ich Gebäude. Das heißt, dass ich sie entwerfe und überlege, wie ich meine Ideen in der Realität umsetzen kann. Ich bin also Künstlerin und Ingenieurin in einer Person. Außerdem überwache ich, dass beim Bau auch alles funktioniert.
Ich muss sehr viel mit unseren Kunden, Partnern und auch mit Behörden telefonieren. Außerdem habe ich pro Tag mindestens eine Besprechung, manchmal im Büro, manchmal direkt auf der Baustelle.

1	Melanie arbeitet in	a ☐ einem großen Büro.	b ☐ einem kleinen Büro.
2	Melanie muss Häuser	a ☐ bauen.	b ☐ planen.
3	Melanie telefoniert mit	a ☐ Ämtern.	b ☐ anderen Architekten.
4	Melanie hat Besprechungen	a ☐ auf der Baustelle.	b ☐ bei der Behörde.

Lernwortschatz

Wie heißen die männlichen Berufsbezeichnungen? Ergänzen Sie.

Berufe

die Architektin	
die Ärztin	*der Arzt*
die Bäckerin	
die Buchhalterin	
die Bürokauffrau	
die Grafikerin	
die Hausfrau	*der Hausmann*
die Informatikerin	
die Kauffrau	
die Krankenschwester	
die Köchin	
die Lehrerin	
die Sekretärin	
die Chefin	

Sicherheit

der Alarm
der Aufzug
der Brand
der Brandmelder
der Schutzhelm
die Steckdose
die Treppe
die Warnweste

Im Büro

Was machen Sie im Büro?

anmachen/einschalten	*Morgens mache ich meinen Computer an.*
aufmachen/öffnen	
ausdrucken	
ausschalten/ausmachen	*Abends schalte ich den Computer aus.*
herunterfahren	
notieren	
der Anrufbeantworter	
die Besprechung	
das Protokoll	
das Treffen/das Meeting	
der Termin	

Verben mit Dativ

antworten	
gehören	
helfen	*Können Sie mir bitte helfen?*
schreiben	
telefonieren mit	
zuhören	
zuschauen	

1 Vom Kindergarten zur Universität 1

Was passt? Unterstreichen Sie.

1 Kindergarten: <u>lernen</u> | <u>spielen</u> | studieren

2 Schule: besuchen | lernen | studieren

3 Ausbildung: arbeiten | lernen | studieren

4 Universität: besuchen | spielen | studieren

2 Das Schulsystem 1

Welche Antwort passt? Ordnen Sie zu und schreiben Sie.

1 Müssen oder dürfen kleine Kinder in die Krippe gehen?

....

2 Ist der Kindergarten in Deutschland Pflicht?

....

3 Wie lange müssen Kinder in Deutschland zur Schule gehen?

....

4 Wann können Schülerinnen und Schüler das Abitur machen?

....

5 Welchen Schulabschluss braucht man für eine Ausbildung?

....

6 Gibt es in Deutschland Schuluniformen?

....

7 Müssen die Eltern für die Schule bezahlen?

....

a Nein, Kinder können in den Kindergarten gehen.

b Mindestens neun Jahre.

c Nach Klasse 12 oder 13.

d Nein, sie zahlen kein Schulgeld.

e Den Mittleren Schulabschluss.

f Nein, die Kleidung ist individuell.

g Babys und Kleinkinder müssen nicht in die Krippe gehen. Die Eltern entscheiden das.

3 Wie finden Sie, dass … 2

a Schreiben Sie Fragen. Verwenden Sie die Sätze aus dem Kasten.

1 *Finden Sie es gut, dass Jungen und Mädchen gemeinsam lernen?*

2

3

4

~~Jungen und Mädchen lernen gemeinsam.~~

Die Kinder tragen keine Schuluniform.

Es gibt eine Schulpflicht für alle.

Die Eltern zahlen kein Schulgeld.

Denken Sie / Denkst du,
Finden Sie / Findest du,
Meinen Sie / Meinst du,
Glauben Sie / Glaubst du,
dass … ?

b Antworten Sie auf Ihre Fragen.

1 *Ich denke, dass Mädchen und Jungen am besten zusammen lernen.*

2

3

4

Es ist gut,
Es ist wichtig,
Es ist richtig,
Es ist unfair,
Es ist schade,
Es ist normal,
dass … .

Ich denke,
Ich finde,
Ich meine,
Ich glaube,
dass … .

c Schreiben Sie über Schule in Ihrem Land.

4 Schulfächer 3

a Wie können Schulfächer sein? Sammeln Sie Adjektive.

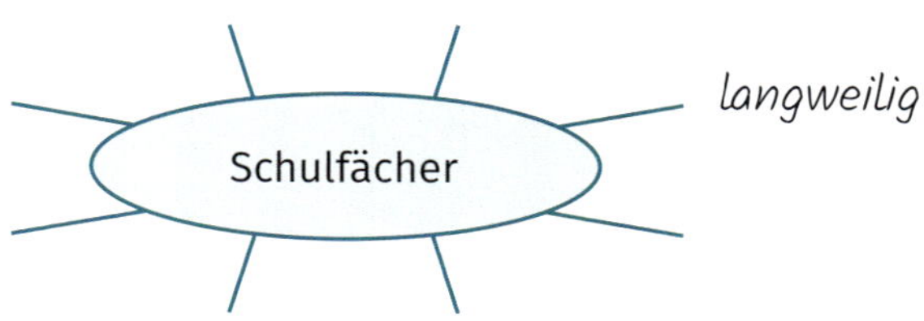

b Welches Fach passt in welche Lücke? Ergänzen Sie.

Biologie | Deutsch | Englisch | Erdkunde | Ethik | Mathematik | Musik | Kunst | Religion | Sport

1 .... haben alle Schülerinnen und Schüler. Hier lernen sie rechnen.

2 Alle Kinder in Deutschland lernen diese Fremdsprache: ....

3 Wie funktioniert unser Körper? Wie und wo leben Tiere?
Das lernt man im .... *unterricht*.

4 Zwei oder drei Stunden in der Woche haben Schülerinnen und Schüler ....
Sie spielen zum Beispiel Fußball und Basketball.

5 Die meisten Kinder finden dieses Fach toll. Im .... *unterricht* zeichnen und malen sie.

6 Dieses Fach haben nicht alle Kinder. Aber viele Kinder gehen zum christlichen oder islamischen
.... *sunterricht*.

7 Manche Eltern wollen keinen Religionsunterricht für ihr Kind. Dann hat das Kind ....

8 Lesen und schreiben lernen die Grundschüler im Fach ....

9 Wo sind in Deutschland und der Welt Flüsse und große Städte? Das lernen Schülerinnen und
Schüler in ....

10 Zu den beliebtesten Fächern gehört .... Hier singen die Kinder oder spielen
Musikinstrumente.

5 Berufswünsche 3

a Wer möchte was werden und warum? Hören Sie die Berufswünsche der vier Kinder. Ergänzen Sie die Tabelle. 49

Wer?	Was?	Warum?
	Friseurin	
Ludger		
		Menschen und Tiere retten, Feuer löschen
Martin		*schöne Häuser bauen, viel Geld verdienen*

b Suchen Sie ein Kind aus und schreiben Sie einen Text über dieses Kind.

6 Noten und Zeugnisse 2

a Wie heißen die Noten in Deutschland? Ordnen Sie zu:

ausreichend | befriedigend | gut | mangelhaft | sehr gut | ungenügend

....	....	....	....	....	....
1	2	3	4	5	6

50 **b** Maria hat heute ihr Zeugnis bekommen. Hören Sie den Dialog und füllen Sie das Zeugnis aus.

Freistaat Sachsen
Hermann-Hesse-Schule der Stadt Leipzig

JAHRESZEUGNIS DES GYMNASIUMS

Klasse 9b **Maria Vincenc**

Betragen	1	Mitarbeit	2
Fleiß	2	Ordnung	1

Leistungen in den einzelnen Fächern:

Deutsch	2	Mathematik	
Englisch		Biologie	
Französisch		Chemie	
Kunst		Physik	
Musik		Ethik	
Geschichte		Sport	
Erdkunde			

Bemerkungen: --- *Fehltage entschuldigt: 5* *Fehltage unentschuldigt: ---*

Versetzungsvermerk: versetzt in Klasse 10

7 Dürfen – können – müssen – sollen – wollen 4

a Schreiben Sie Sätze.

1 können | rechnen | Kai | sehr gut
Kai kann sehr gut rechnen.

2 sollen | Hausaufgaben machen | die Schüler | immer

3 müssen | zur Schule | alle | in Deutschland | gehen | Kinder

4 wollen | heute | zur Kunst-AG | gehen | du?

5 dürfen | Jugendliche | rauchen | nicht | in der Schule

b Was können/wollen/müssen/dürfen/sollen Kinder im Kindergarten machen? Schreiben Sie.

c Modalverben im Präteritum. Ergänzen Sie die Tabelle.

Infinitiv		*wollen*			
ich			*musste*		
du					*solltest*
er/sie/es					
wir	*konnten*				
ihr					
sie/Sie				*durften*	

d Ergänzen Sie die richtige Verbform im Präteritum.

1 Ich .... (sollen) studieren, aber ich .... (wollen) lieber eine Ausbildung machen.

2 Wir .... (können) gestern keine Hausaufgaben machen, wir .... (wollen) lange spielen.

3 .... (müssen) ihr früher immer mit dem Bus zur Schule fahren?

4 .... (dürfen) du als Jugendliche abends in die Disko gehen?

5 Weil die Sonne schien, ... (können) das Mädchen draußen Fahrrad fahren.

6 Klaus und Marie .... (wollen) nicht mit der Klasse nach Bonn fahren.

7 .... (sollen) Sie nicht noch die Aufgabe 6b machen?

8 Die Kinder .... (dürfen) heute nicht auf dem Spielplatz spielen, weil es geregnet hat.

e Schreiben Sie Antworten.

1 Was konnten Sie in der Schule am besten?

2 Was wollten Sie als Schülerin/Schüler werden?

3 Was mussten Sie als Kind im Haushalt machen?

4 Durften Sie als Jugendliche/Jugendlicher abends ausgehen? Wenn ja, wie lange und wohin?

8 Lesen Sie die E-Mail 6

Sind die Aussagen richtig oder falsch? Kreuzen Sie an.

		✓	✗
1	Claudia schreibt eine Mail an die Universität.	☐	☒
2	Der Informationstag war langweilig.	☐	☐
3	Der Test hilft bei der Entscheidung für ein Studium.	☐	☐
4	Die Schulnoten waren für den Test unwichtig.	☐	☐
5	Das Testergebnis hat Claudia überrascht.	☐	☐
6	Einen ähnlichen Test kann man auch im Internet machen.	☐	☐
7	Claudia möchte, dass Nurmala den Test auch macht.	☐	☐

von	claudia@wowmail.de
an	nurmala@wowmail.de
Betreff	Informationstag an der Uni in Köln

Hallo Nurmala,

heute waren wir mit meiner Klasse bei einem Informationstag an der Universität in Köln. Es war sehr interessant! Ich habe jetzt viele Informationen zu den Studiengängen und den Abschlüssen.

Ganz wichtig war natürlich die Frage: Welches Studium passt zu mir? Wir haben an der Uni einen Test gemacht und mussten viele Fragen beantworten. Unsere Schulnoten waren gar nicht wichtig! Das finde ich super. Die Fragen waren zum Beispiel: Sitzen Sie in einem Raum am liebsten ganz hinten? Lösen Sie gerne Probleme? Interessieren Sie sich für neue Medien? Ich habe im Internet einen Test gefunden, der so ähnlich ist. Ich schicke dir hier einmal den Link: www.was-studiere-ich.de. Vielleicht möchtest du den Test auch einmal machen.

Mein Ergebnis bei dem Test in der Universität war keine Überraschung: Am besten passen zu mir Informatik und Finanzen! Genau das hast du auch gesagt. Ich habe noch eine Idee, was du werden kannst: Studienberaterin! :-)

Schreib mir bitte, wie dein Testergebnis ist!

Liebe Grüße
Claudia

9 *Alle und jeder*

a Ergänzen Sie die Sätze mit *alle* und einem passenden Nomen aus dem Kasten. Nicht alle Wörter passen.

Antworten | Fragen | Hausaufgaben | Kinder | Klassenarbeiten | Quatsch | Schülerinnen und Schüler | Studenten

1 Heute bekommen .... ihr Jahreszeugnis.

2 Die Lehrerin korrigiert .... immer sehr schnell.

3 Nicht .... gehen gern in den Kindergarten, aber die meisten schon.

4 Beim Elternabend beantwortet der Klassenlehrer .... der Eltern.

5 Die Schüler sollen immer .... machen.

b Ergänzen Sie die Sätze mit *jeder/jede/jedes.*

1 .... Jahr bekommen die Schüler zwei Zeugnisse.

2 .... Kind hat Angst vor schlechten Noten auf dem Zeugnis.

3 Wartet wirklich .... Schüler und .... Schülerin das ganze Jahr auf die Ferien?

4 Über gute Noten freut sich .... Mutter und .... Vater.

c Ergänzen Sie die Sätze mit *jeden/jede/jedes.*

1 .... Tag geht Florian um 7.20 Uhr aus dem Haus.

2 Sina mag fast .... Fach. Nur Kunst mag sie nicht.

3 Maria und Markus freuen sich auf .... Pause.

4 Für .... richtigen Satz machen wir eine Minute länger Pause.

5 Jurij zeigt seinem Onkel .... Zeugnis.

d Ergänzen Sie die Sätze mit *alle* oder *jeder/jeden/jede/jedes.*

1 Nicht .... Schüler essen .... Tag in der Schule zu Mittag.

2 .... Klasse macht mindestens einmal im Jahr einen Ausflug.

3 In Deutschland muss .... Kind in die Grundschule gehen.

4 .... Lehrer möchten, dass .... Schüler und .... Schülerin gute Noten bekommt.

5 Nicht .... Familien können .... Sommer in den Urlaub fahren.

Lernwortschatz

Welche Artikel haben diese Wörter?

Schulsystem

- ...... Abitur
- ...... Bachelor
- ...... Fachhochschule
- ...... Gesamtschule
- ...... Grundschule
- ...... Gymnasium
- ...... Hauptschule
- ...... Kindergarten
- ...... Master
- ...... Realschule
- ...... Universität

Schulalltag

Schreiben Sie Beispielsätze.

- die Klasse
- der Lehrer
- die Lehrerin
- die Note
- der Schüler
- die Schülerin — *Ein Mädchen, das zur Schule geht, ist eine Schülerin.*
- die Schulpflicht
- die Schuluniform
- das Zeugnis

Schulfächer

- Biologie
- Chemie
- Deutsch
- Englisch
- Erdkunde
- Ethik
- Geschichte
- Kunst
- Mathematik
- Musik
- Physik
- Religion
- Sport

Seine Meinung sagen

- denken
- finden
- glauben
- meinen
- Es ist gut/wichtig/richtig/..., dass ...
- Es ist schlecht/unwichtig/falsch/schade/..., dass ...
- Es ist normal, dass ...

1 Was tut Ihnen weh? 1|2

a Welches Wort passt? Ergänzen Sie.

~~Bein~~ | Kopf | Ohren | Schulter | Hals

1 Mein *Bein* tut weh.

2 Meine .... schmerzt.

3 Ich habe .... schmerzen.

4 Meine .... tun weh.

5 Mein .... tut weh.

b Lesen Sie die Sätze der Aufgabe 1a noch einmal. Ergänzen Sie die Fragen und die Antworten.

1 Was kann ich für *mein Bein* tun? Dr. Müller gibt dir sicher Tipps für *dein Bein*.

2 Was kann ich für .... machen? Bewegung ist gut für ....

3 Was kann ich für .... tun? Frische Luft ist gut für ....

4 Was kann ich für .... machen? Eine warme Mütze ist gut für ....

5 Was kann ich für .... tun? Warme Getränke sind gut für ....

2 *Sein* oder *ihr*? 3

Ergänzen Sie *sein/ihr* in der richtigen Form.

1 Herr Irtisheimer hat eine Erkältung. Was soll er gegen .... Husten machen?

2 Was empfehlen Sie Frau Müller gegen .... Bauchschmerzen?

3 Johanna hat Schmerzen. Was ist gut für .... Arm?

4 Ich möchte Frank helfen. Kennst du .... Problem?

5 Anna ist nicht fit. Was ist gut für .... Fitness?

6 Frau Krautgarten joggt jeden Tag. Sie nimmt .... Hund immer mit.

7 Ali ist gestern Fahrrad gefahren. Jetzt tun ihm .... Beine weh.

8 Christof hatte einen Unfall. Er hat sich .... Hand gebrochen.

3 *Unser / euer / ihr / Ihr?* 3

Lösen Sie das Kreuzworträtsel.

1 Ingo und Timo mögen .... Handballverein.
2 Tut Ihnen .... Hand noch weh?
3 Habt ihr .... Versichertenkarten dabei?
4 Wir bekommen heute .... neues Auto.
5 Maja und Jana, könnt ihr .... Gymnastikkurs empfehlen?
6 Jana, wie findest du .... neue Wohnung?
7 Frau Müller, wann haben Sie .... Termin?

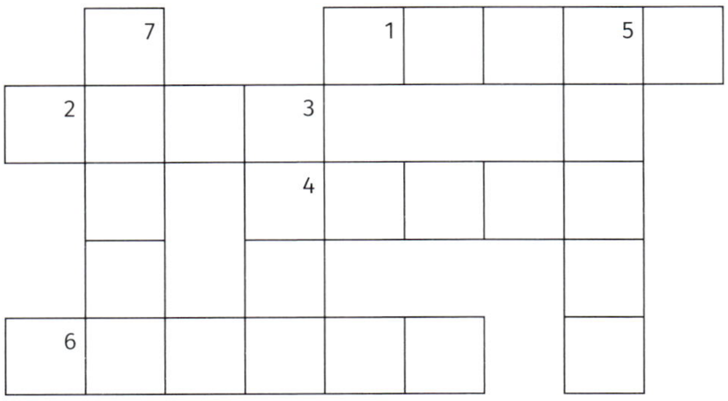

4 Gesundheitstipps I 4–5

a Martin Sippel ist erkältet. Er hat Husten und Schnupfen. Welche Hausmittel gegen Erkältungen kennen Sie? Notieren Sie.

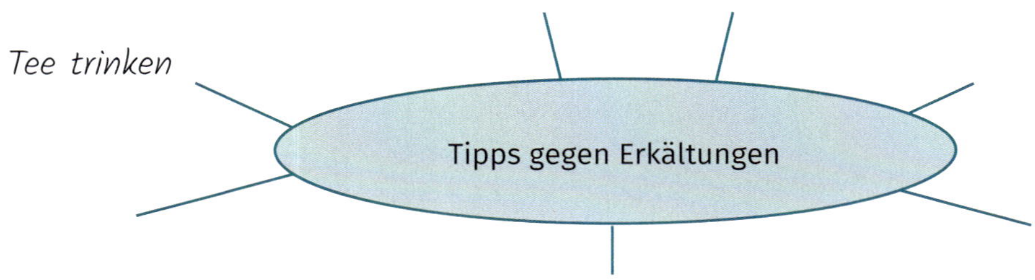

b Was soll Martin Sippel gegen seine Erkältung tun? Geben Sie ihm Tipps. Schreiben Sie über Ihre Hausmittel oder benutzen Sie die Ideen im Kasten. Schreiben Sie im Imperativ.

du	Sie
Leg dich in die Badewanne.	*Legen Sie sich in die Badewanne.*
....	....

Badewanne
Bett
Tee
Arzt
Zitrone
Zwiebel
Medikamente
...

5 Was kann ich machen, damit ...? 5

a Welcher Tipp passt zu welchem Wunsch?

Wunsch	Tipp
1 besser sehen	a eine Brille tragen
2 keine Rückenschmerzen haben	b Gymnastik machen
3 keine Zahnschmerzen haben	c ein Pflaster holen
4 kein Fieber haben	d eine Tablette nehmen
5 weniger Stress	e einen Termin beim Zahnarzt machen
6 der Finger soll nicht mehr bluten	f Urlaub machen

b Schreiben Sie Tipps mit damit in der *Du*-Form und in der *Sie*-Form.

1 du: *Trag eine Brille, damit du besser siehst.*

Sie: *Tragen Sie eine Brille, damit Sie besser sehen.*

2 du: ....

Sie: ....

6 Gesundheitstipps II 5

a Schreiben Sie Sätze.

1 Nasenspray | nimm | du | damit | besser | kannst | atmen | . | ,

Nimm Nasenspray, damit du besser atmen kannst.

2 ein | Bad | warmes | nimm | damit | dich | du | entspannst | . | ,

....

3 Arzt | geh | zum | hilft | er | dir | damit | . | ,

....

b Schreiben Sie Antworten. Was machen Sie, damit Sie ...

... gesund bleiben? | ... glücklich sind? | ... besser Deutsch lernen? | ... wach werden? | ... pünktlich sind? | ... den Deutsch-Test bestehen? | ... morgens wach werden?

Ich mache regelmäßig Sport, damit ich gesund bleibe.

....

7 Verben und Personalpronomen im Dativ 6

a Ergänzen Sie die Personalpronomen im Dativ.

1 Der Arzt gibt .... (sie) ein Medikament.
2 Holst du .... (ich) bitte einen Tee?
3 Ich schreibe .... (Sie) eine Krankmeldung.
4 Der Therapeut zeigt .... (wir) gute Übungen.
5 Die Spritze tut .... (er) weh.
6 Ich erzähle .... (ihr) die Neuigkeiten.

b Welches Verb passt? Unterstreichen Sie.

1 verschreibt/wünscht
2 bringst/nimmst
3 gebe/leihe
4 empfiehlt/kauft
5 erzählt/hilft
6 gebe/schreibe

8 Beim Arzt 7

Welche Antwort passt zu welcher Frage? Ordnen Sie zu.

1 Guten Tag, was kann ich für Sie tun?
2 Wie lange husten Sie schon?
3 Haben Sie auch Fieber?
4 Bitte kommen Sie in zwei Wochen wieder.

a Seit einer Woche.
b Heute Nacht hatte ich 39,5 °C.
c Das mache ich. Auf Wiedersehen.
d Ich habe starken Husten.

9 Fragen an den Sportverein 8

a Ordnen Sie die Wörter und schreiben Sie Sätze. Achten Sie auch auf die Groß- und Kleinschreibung.

1 Ammann | guten | mein | Name | Maria | Tag | ist | , | .

....

2 Ihnen | auch | es | gibt | Gesundheitskurse | bei | ?

....

3 haben | Kurse | auch | am | Sie | Abend | ?

....

4 ich | machen | möchte | Wirbelsäulengymnastik | .

....

5 was | Gymnastikkurs | Mittwochabend | kostet | der | am | ?

....

b Unterstreichen Sie die Fehler und korrigieren Sie sie.

▶ Sie sprechen mit dem Sportverein. Mein Name ist Schmidt, was kann ich für dich tun? ....

▷ Ich möchte einen Gymnastikkurs machen. Mein Arzt hat er mir empfohlen. ....

▶ Wann möchtest Sie den Kurs machen? ....

10 Im Ärztehaus 1–9

a Sie hören ein Gespräch.
Ordnen Sie zu und notieren Sie den Buchstaben. 51

Praxis	0 Hautarzt	1 Kinderarzt	2 Augenarzt	3 Physiotherapie	4 Labor	5 Café
Stockwerk	c					

a geradeaus

b im Keller

c im Erdgeschoss links

d im Erdgeschoss rechts

e im ersten Stock

f im zweiten Stock

g im dritten Stock

h im vierten Stock rechts

i im vierten Stock links

b Hören Sie noch einmal. Ordnen Sie zu. 51

1 Dr. Krasniqi

2 Praxis Müller und Hettler

3 Dr. Rüben-Schmidt

4 Frau Klaas

5 Die Labormitarbeiter

a ist Physiotherapeutin.

b hilft bei Hautproblemen.

c ist der beste Augenarzt in der Stadt.

d machen Mittagspause.

e ist für Kinder da.

11 Die Krankenkasse informiert 8|9

a Lesen Sie den Brief und beantworten Sie die Fragen. An welcher Stelle (a–h) finden Sie die Informationen?

1	Wer schreibt?	....	Das ist der Absender.
2	„Viele Grüße“ ist privat, wie heißt es offiziell?	....	Das ist der Gruß.
3	Für wen ist der Brief?	....	Das ist der Empfänger.
4	„Liebe Johanna“ ist privat, wie heißt es offiziell?	....	Das ist die Anrede.
5	Wo wohnt Frau Novotna?	....	Das ist ihre Adresse.
6	Welches Thema hat der Brief?	....	Das ist der Betreff.

„Die Gute“ Krankenkasse ——— a
Postfach 998800
28237 Bremen

Johanna Novotna — b
Dorfstraße 6 — c
19061 Schwerin

d ——— Bremen, 1.9.20..

Unser neues Angebot für Sie ——— e

Sehr geehrte Frau Novotna, — f

Sie möchten mehr für Ihre Gesundheit tun? Ihre „Die Gute“ Krankenkasse unterstützt Sie dabei!

Wir haben unser Angebot erweitert und bezahlen Ihnen bis zu zwei Gesundheitskurse im Jahr. Schicken Sie uns einfach eine Bescheinigung, an welchem Kurs Sie teilnehmen, und wir erstatten Ihnen die Kosten. Ganz ohne Formulare und unbürokratisch!

Wenn Sie Fragen haben, stehen wir Ihnen gerne jederzeit zur Verfügung.

Mit freundlichen Grüßen — g

Ihre „Die Gute“ Krankenkasse — h

b Lesen Sie den Brief noch einmal. Sind die Aussagen richtig oder falsch?

		✓	✗
1	Jeder muss einen Gesundheitskurs machen.	☐	☐
2	Die „Die Gute“ Krankenkasse bezahlt schon immer zwei Gesundheitskurse im Jahr.	☐	☐
3	Damit die Krankenkasse einen Gesundheitskurs bezahlt, muss man ein Formular ausfüllen.	☐	☐
4	Die Krankenkassenmitarbeiter beantworten Fragen.	☐	☐

12 Im *Haus der Gesundheit* 1–9

Sie sind im *Haus der Gesundheit* und möchten einige Sachen kaufen.
Lesen Sie die Aufgaben 1–6 und die Informationen im *Haus der Gesundheit*.
In welches Stockwerk gehen Sie? Kreuzen Sie an: a, b oder c.

1 Sie suchen eine Sporttasche.
- a ☐ zweiter Stock
- b ☒ dritter Stock
- c ☐ anderes Stockwerk

2 Sie suchen die Toilette.
- a ☐ zweiter Stock
- b ☐ vierter Stock
- c ☐ anderes Stockwerk

3 Sie möchten ein Buch über gesunde Ernährung kaufen.
- a ☐ Erdgeschoss
- b ☐ vierter Stock
- c ☐ anderes Stockwerk

4 Sie müssen Pflaster kaufen.
- a ☐ zweiter Stock
- b ☐ dritter Stock
- c ☐ anderes Stockwerk

5 Sie brauchen Hustensaft.
- a ☐ erster Stock
- b ☐ zweiter Stock
- c ☐ anderes Stockwerk

6 Sie möchten einen Tee trinken.
- a ☐ Erdgeschoss
- b ☐ vierter Stock
- c ☐ anderes Stockwerk

HAUS DER GESUNDHEIT
4. Stock Fitnessstudio, Beratung (Trainings- und Diätprogramme, gesunde Ernährung)
3. Stock Sportbekleidung, Gepäck (Rucksäcke, Sporttaschen), Bücher
2. Stock Apotheke, Drogerie- und Toilettenartikel, Erste Hilfe (alles vom Pflaster bis zur Trage)
1. Stock Gesund & Fit – Bar (Säfte, Tees, gesunde Snacks), Kunden-WC
Erdgeschoss Gesunde Ernährung (Lebensmittel und Getränke)

Lernwortschatz

Gesundheitliche Beschwerden und Krankheiten

Wie heißen die Adjektive in Ihrer Sprache?

die Allergie
die Erkältung
das Fieber
die Grippe
der Husten
der Schmerz
der Schnupfen

Wer hilft?

der Art, die Ärzte — *die Ärztin, die …*
der Physiotherapeut
der Trainer
die Krankenkasse

Was hilft?

die Behandlung
der Gesundheitskurs
das Hausmittel
den Kopf drehen/neigen
die Salbe
die Tablette
der Termin (beim Arzt)
Sport treiben
der Tipp
die Übung
der Verband

Kosten

die Gebühr, die Kosten } übernehmen/zahlen

Verben mit Dativ

Schreiben Sie Sätze.

bringen — *Ich bringe dir morgen das Buch.*
empfehlen
erzählen
geben
helfen
holen
kaufen
leihen
nehmen
schenken
schicken
schreiben
wünschen
zeigen

1 Auf der Bank

Ergänzen Sie die Dialoge. Hören Sie dann zur Kontrolle. 52

abheben | einzahlen | sparen | überweisen | wechseln

1 ▶ Guten Tag, was kann ich für Sie tun?
▷ Ich möchte gern 500 € nach Griechenland ______________.
▶ Gerne. Füllen Sie bitte das Formular aus. Ihre IBAN, die IBAN des Empfängers und den Betrag.

2 ▶ Wie kann ich Ihnen helfen?
▷ Können Sie bitte 200 US Dollar in Euro ______________?
▶ Ja, natürlich. Wie möchten Sie das Geld haben?

3 ▶ Guten Tag. Ich würde gern 300 Euro von meinem Konto ______________. Wo ist denn hier der Geldautomat?
▷ Schauen Sie, da hinten rechts. Sie können das Geld aber auch hier am Schalter bekommen.

4 ▶ Guten Tag. Kann ich bei Ihnen 400 Euro auf mein Konto ______________?
▷ Kein Problem. Können Sie mir bitte Ihre Kontonummer sagen?

5 ▶ Guten Tag, wie kann ich Ihnen helfen?
▷ Guten Tag. Ich hätte gern eine Beratung. Ich möchte gern Geld ______________. Haben Sie interessante Angebote?
▶ Ja, nehmen Sie bitte Platz. Es gibt verschiedene Möglichkeiten.

2 Relativsätze

Die **Relativpronomen im Nominativ** sind wie die bestimmten Artikel.

Artikel		*Relativpronomen*	
der	→	der	
die	→	die	die (Pl.) → die
das	→	das	

a Schreiben Sie Sätze.

Beispiel:
Ich habe eine Rechnung. Ich **muss** die Rechnung bezahlen.

Ich habe **eine Rechnung, die** ich bezahlen **muss**.

1 Hier steht der Geldautomat. Der Geldautomat funktioniert nicht.

____

2 Ich habe bei der Volksbank ein Konto. Das Konto ist kostenlos.

____

3 Am Schalter stehen viele Leute. Sie haben alle keine Zeit.

____

4 Ich bin mit den Kontogebühren nicht zufrieden. Sie sind viel zu hoch.

____

5 In der Mainzer Landstraße gibt es eine Bank. Die Bank hat viele interessante Angebote.

____

b Ergänzen Sie die Relativpronomen im Akkusativ.

> Die **Relativpronomen im Akkusativ** sind wie die bestimmten Artikel.
>
> | *Artikel* | | *Relativpronomen* | |
> |---|---|---|---|
> | **den** | → | **den** | |
> | **die** | → | **die** | **die** (Plural) → **die** |
> | **das** | → | **das** | |

1 Das sind zwei Kollegen, ………… ich schon lange nicht mehr gesehen habe.

2 Hier ist das Buch, ………… mir Igor gegeben hat.

3 Anja ist meine Freundin, ………… ich aus dem Deutschkurs kenne.

4 Latte Macchiato ist ein Kaffee, ………… man mit viel Milch macht.

c Nominativ oder Akkusativ? Ergänzen Sie *der* oder *den*.

1 Hier steht ein Geldautomat, ………… oft nicht funktioniert.

2 Da drüben ist der Mitarbeiter, ………… Sie fragen können, wenn der Automat kaputt ist.

3 Da drüben ist der Mitarbeiter, ………… Ihnen dann helfen kann.

4 Ich habe einen Film gesehen, ………… mir sehr gut gefallen hat.

5 Das ist ein Film, ………… ich wirklich empfehlen kann.

d Ergänzen Sie die Relativpronomen im Dativ.

> Die **Relativpronomen im Dativ** sind wie die bestimmten Artikel.
> Ausnahme: **denen**
>
> | *Artikel* | | *Relativpronomen* | |
> |---|---|---|---|
> | **dem** | → | **dem** | |
> | **der** | → | **der** | **den** (Plural) → **denen** |
> | **dem** | → | **dem** | |

1 Wo ist eine Bank, bei ………… ich ein günstiges Konto bekommen kann?

2 Wie heißt die Stadt, aus ………… Sie kommen?

3 Hier ist der Automat, an ………… man Kontoauszüge ausdrucken kann.

4 Die Stadt, in ………… ich gelebt habe, heißt Asmara.

5 Das sind meine Kollegen, mit ………… ich gerne abends ausgehe.

3 In der Bank 2|3

a Was passt zusammen? Verbinden Sie. Notieren Sie auch die Artikel.

1	die Bank	a	das Banking	*der Bankschalter*
2	das Konto	b	die Karte	
3	Online-	c	der Schein	
4	das Konto	d	das Geld	
5	Giro-	e	der Schalter	
6	der Kredit	f	der Auszug	
7	Klein-	g	das Konto	
8	die Zahlung -s-	h	die Gebühren	
9	5-Euro-	i	der Empfänger	

b Ergänzen Sie die Sätze mit Wörtern aus 3a.

1 Am *Bankschalter* .... kann man Geld abheben.
2 Ich habe 5 Euro nicht in Münzen. Ich kann dir einen .... geben.
3 Ich habe nur einen 100-Euro-Schein, kein ....
4 Die .... sind der Betrag, den man für ein Konto monatlich zahlen muss.
5 Ich überweise den Rechnungsbetrag an den ....
6 Wenn man Bankgeschäfte am Computer macht, macht man ....
7 Mit der .... kann man bargeldlos einkaufen.
8 Jeden Monat überweist mir die Firma mein Gehalt auf das ....
9 Auf dem .... sieht man, wie viel Geld man auf dem Konto hat.

4 *Jemand oder niemand* 3

Ergänzen Sie.

1 ▶ Hat .... mein Handy gesehen? ▷ Nein. ▶ ....? Dann suche ich weiter.
2 ▶ Könnte mir .... 50 Euro leihen? ▷ Nein, heute kann dir .... etwas leihen.

5 Indirekte Fragen 6

a Schreiben Sie die Fragen wie im Beispiel.

1 Wie **heißen** Sie?
Können Sie mir sagen, *wie Sie **heißen**?*

2 Wie ist Ihre Adresse?
Können Sie mir sagen, ...

3 Wo wohnen Sie?
Können Sie mir sagen, ...

4 Wie funktioniert der Geldautomat?
Wissen Sie, ...

5 Was bedeutet IBAN?
Weiß jemand, ...

6 Wie lange arbeiten Sie schon in dieser Firma?
Können Sie mir sagen, ...

7 Welche U-Bahn fährt zur Volksbank?
Weißt du, ...

8 An welchem Schalter bekomme ich Überweisungsformulare?
Wissen Sie, ...

b Schreiben Sie Fragen.

> Zwei Verbformen im Nebensatz? Das konjugierte Verb steht am Ende, zum Beispiel ***kann***.

1 Wer **kann** mir helfen?
Weißt du, *wer mir helfen* ***kann****?*

2 Wie soll ich das Formular ausfüllen?
Können Sie mir sagen, ……………………

3 Wie lange hat die Bank geöffnet?
Wissen Sie, ……………………

4 Wo kann ich Geld wechseln?
Können Sie mir sagen, ……………………

5 Wie lange ist die Bank am Donnerstag geöffnet?
Können Sie mir sagen, ……………………

6 An welchem Schalter können wir Geld einzahlen?
Wissen Sie, ……………………

7 Wo muss ich unterschreiben?
Können Sie mir sagen, ……………………

53 **c** Was hat sie gefragt? Hören Sie die Sätze und sprechen Sie wie im Beispiel.

Wann kannst du nach Hause kommen?

Sie hat gefragt, wann ich nach Hause kommen kann.

6 Macht Geld glücklich? 4

Lesen Sie die Aussagen und schreiben Sie Sätze mit *dass*.

Geld macht nicht glücklich. Aber man hat weniger Probleme, wenn man genug Geld hat.

Sandro

Für mich ist Gesundheit wichtiger als Geld. Gesundheit kann man nicht kaufen.

Martin

Mit Geld kann man vielen anderen Menschen helfen. Mit Geld kann man sie glücklich machen. Und was meinen Sie?

Rabia

Sandro findet, dass Geld nicht glücklich macht. Er meint aber auch, dass …

7 Werden 7

a Ergänzen Sie die Tabelle.

	werden
ich	
du	
er/sie/es	*wird*
wir	
ihr	
sie/Sie	

b Ergänzen Sie *wird* oder *werden*.

In der Bank ist viel los. An einem Schalter ...1... Kunden beraten, an einem anderen Schalter ...2... Geld gewechselt. Am Drucker ...3... gerade ein Kontoauszug ausgedruckt. Ein defekter Geldautomat ...4... repariert, am anderen Geldautomat ...5... gerade 300 € abgehoben. Gleich ist Mittagspause. Dann ...6... die Bank für eine Stunde geschlossen.

c Geld am Automaten einzahlen. Schreiben Sie die Sätze im Passiv.

Zuerst steckt man die Girokarte in den Automaten. Dann legt man das Geld in den Automaten. Der Automat zählt das Geld. Dann bestätigt man den Betrag von 200 Euro. Danach druckt der Automat eine Quittung aus.

gesteckt | gelegt | gezählt | bestätigt | ausgedruckt

Zuerst wird die Girokarte in den Automaten gesteckt. Danach wird ...

d Was wird hier gemacht? Schreiben Sie im Passiv.

1 Jemand kauft Blumen.
Blumen werden gekauft.

2 Man verkauft Kleider.

3 Man füllt Formulare aus.

4 Jemand repariert ein Fahrrad.

5 Man kocht eine Suppe.

6 Man stellt viele Fragen.

8 EC-Karte verloren! 7

Lesen Sie den Text und schließen Sie die Lücken 1–6. Welche Lösung (a, b oder c) passt am besten?

von	siebertm@de.de
an	infos@bankkarte.de
......0......	Verlust meiner EC-Karte

Sehr ......1...... Damen und Herren,

am 1.10. habe ich meine EC-Karte verloren und sie auch sofort unter der Notrufnummer 116116 sperren lassen. Meine IBAN ist die DE07 50010060 4815935550. Gerne möchte ich ......2...... das noch einmal schriftlich mitteilen und auf diesem Weg auch gleich eine neue EC-Karte ......3...... . Könnten Sie mir bitte mitteilen, wie lange es dauert, bis ich eine neue Karte bekommen ......4......, und wie viel ich für eine neue Karte bezahlen muss? Oder ......5...... diese Karte bei Ihrer Bank kostenlos?

Vielen Dank für eine ......6...... .

Mit freundlichen Grüßen

Maria Siebert

Beispiel

0 a ☐ Thema
b ☒ Betreff
c ☐ Punkt

1 a ☐ geehrt
b ☐ geehrte
c ☐ geehrten

2 a ☐ euch
b ☐ Ihnen
c ☐ Sie

3 a ☐ abheben
b ☐ beantragen
c ☐ kaufen

4 a ☐ kann
b ☐ muss
c ☐ soll

5 a ☐ war
b ☐ wäre
c ☐ würde

6 a ☐ Adresse
b ☐ Nachricht
c ☐ Überweisung

9 Ein guter Grund zum Feiern

Sie haben eine E-Mail von Stefanie bekommen. Stefanie feiert am Samstag. Sie hat im Lotto gewonnen. Stefanie lädt Sie ein und fragt, ob Sie kommen.

Hier finden Sie vier Punkte. Wählen Sie **drei** aus. Schreiben Sie zu jedem Punkt ein bis zwei Sätze (circa 40 Wörter). Vergessen Sie nicht den passenden Anfang und Gruß am Schluss.

- Uhrzeit
- jemanden mitbringen
- gratulieren
- Pläne

10 Rund ums Geld

Lesen Sie die Anzeigen a–h und die Aufgaben 1–5. Welche Anzeige passt zu welcher Situation?
Für eine Aufgabe gibt es keine Lösung. Schreiben Sie hier den Buchstaben X.

Beispiel: 0 Sie möchten Geld sparen. Lösung: Anzeige h

Situation	0	1	2	3	4	5
Anzeige	*h*					

1 Sie möchten ein kostenloses Girokonto eröffnen. Sie verdienen 1200 € monatlich.
2 Sie brauchen für eine Autoreparatur schnell Geld. Sie müssen sich 1000 € leihen.
3 Sie haben Münzen aus dem Jahr 1880. Sie möchten die Münzen verkaufen.
4 Sie brauchen eine Kreditkarte.
5 Ihr Freund ist Bankkaufmann. Er sucht eine Arbeit in einer Bank.

a

Kreditkarten – Chancen und Risiken

So schützen Sie sich vor Kreditkartenbetrug.

Kostenloser Vortrag am 19.3., 19.30 Uhr, Kongresshalle B

b

Kostenloses Girokonto für alle*!

Eröffnen Sie Ihr kostenloses* Girokonto bei der CF-Bank.

www.cf-bank.de

**ab 1500 € monatlichem Geldeingang. Sonst nur 10 € monatliche Kontoführungsgebühr.*

c

Verkaufe altes Geld: ***Münzen und Scheine von 1850 bis 1950,*** *alle Kontinente.*

E-Mail: frank-grundlacher1850@web.de

d

Wir suchen Sie!

- drei Bankkaufleute (in Teil- und Vollzeit)
- FilialleiterIn (in Vollzeit)

Festanstellung, gutes Gehalt, ab 1.10.

Neue Bank, Platanenallee 1 A

e

„MEINE BANK“

Eröffnen Sie noch diesen Monat ein Girokonto bei uns.

Nur diesen Monat: *Keine Kontoführungsgebühren für niemanden!*

Bahnhofstraße 134

f

Briefmarken, Münzen, Schmuck *bis 1930 von Privatsammler* ***gesucht****, Barzahlung.*

Tel.: 0172 19736458

g

Sie brauchen einen Kredit?

Kredite bis 100.000 €, ab 2,6 % Zinsen.

Schnell, günstig, unkompliziert.

www.rueber-kredit.de

h

Möchten Sie **5 % Zinsen** für Ihr Geld?

Kein Problem – einfach vorbeischauen und Sparbuch eröffnen!

Ihre-Fair-Bank

Hauptstraße 15

Montag bis Freitag 8–18 Uhr

Lernwortschatz

Notieren Sie die Pluralformen.

Auf der Bank

die Bankfiliale
die Girokarte/die EC-Karte/die Debitkarte
das Konto
das Girokonto
das Sparkonto
der Kontoauszug
die Kontogebühr
der Kontoinhaber
ein Konto eröffnen
die Kontonummer
die Kreditkarte
das Onlinebanking
die PIN-Nummer eingeben
eine Rechnung bezahlen
der Schalter
kostenlos

Geld

das Bargeld, bar
der Geldschein
das Kleingeld
die Münze
die Überweisung

Was machen Sie mit Geld?

abheben *Ich hebe jeden Samstag Geld ab.*
ausgeben
einzahlen
gewinnen
leihen
sparen
stehlen
überweisen
wechseln

das Glück, glücklich
reich – arm
der Überfall
der Täter
der Zeuge

jemand, niemand

1 Freizeit 1

a Was macht man draußen und was drinnen? Sortieren Sie die Wörter.

ausgehen | essen gehen | grillen | ~~Fahrrad fahren~~ | kochen | Musik hören | Musik machen | joggen | schlafen | spazieren gehen | tanzen | wandern

drinnen (= im Haus)	draußen
	Fahrrad fahren,

b Zwei Personen erzählen von ihrem Alltag. Hören Sie die Texte und kreuzen Sie an. Welche Aussagen sind richtig, welche sind falsch? 54

Text 1	✓	✗
a Sie hat in der Woche viel zu tun.	☐	☐
b Sie macht im Sommer wenig Sport.	☐	☐
c Ihre Tochter isst gern Süßigkeiten.	☐	☐

Text 2	✓	✗
a Er ist Student.	☐	☐
b Er war schon einmal an der Ostsee.	☐	☐
c Er muss nicht arbeiten.	☐	☐

c Was machen Sie in Ihrer Freizeit? Wo? Wann? Wie oft? Mit wem? Schreiben Sie.

2 Dativ 1

a Diese Verben brauchen den Dativ. Schreiben Sie die Verben richtig.

wortanten	genbrin	henlei	erlenzäh
benge	enkensch	hörgeen	genzei

b Possessivartikel im Dativ. Ergänzen Sie die Tabelle.

	ich	du	er/es	sie	wir	ihr	sie/Sie
maskulin	*meinem*						
feminin	*meiner*						
neutral	*meinem*						
Plural	*meinen*						

c Schreiben Sie die passenden Possessivartikel im Dativ in die Lücken.

1 Ich antworte *meinen* (ich) Freunden immer gleich auf ihre E-Mails.
2 Paul bringt .... (er) Frau jeden Freitag Blumen mit.
3 Was können Sie mir und .... (ich) Mann empfehlen?
4 Am Abend erzählen viele Eltern .... (sie) Kindern eine Geschichte.
5 Wir schenken .... (wir) Chef einen Gutschein fürs Kino.
6 Claudia, zeig .... (du) Mutter bitte heute Abend den Brief.
7 Die Lehrerin leiht .... (sie) Schüler ein Grammatikbuch.
8 Die Firma wünscht .... (sie) Angestellten frohe Weihnachten.
9 Schreibt ihr .... (ihr) Eltern auch immer eine Postkarte aus dem Urlaub?
10 Hast du heute schon mit .... (du) Sohn telefoniert?
11 Ben und Lorenz, helft ihr .... (ihr) Tante bitte beim Tischdecken?
12 Wir müssen .... (wir) Anwältin dringend den Brief schicken.
13 Lukas gibt .... (er) Katzen frische Milch.

3 Informationen aus dem Radio und der Zeitung 2|3

55 **a** Sie hören fünf Informationen aus dem Radio. Zu jedem Text gibt es eine Aufgabe. Kreuzen Sie an: a, b oder c.

Beispiel

0 Wie spät ist es?
a ☒ 7.30 Uhr
b ☐ 17.30 Uhr
c ☐ 19.30 Uhr

1 Wo bekommen Sie Konzertkarten?
a ☐ An der Abendkasse.
b ☐ Beim Radiosender.
c ☐ Gar nicht mehr.

2 Was gibt es im Zirkus?
- a ☐ Einen Clown.
- b ☐ Elefanten.
- c ☐ Keine Tiere.

3 Wo ist der Unfall passiert?
- a ☐ Auf der A2.
- b ☐ Auf der A3.
- c ☐ Auf der A8.

4 Wie viel kostet der Eintritt?
- a ☐ 0 €
- b ☐ 2 €
- c ☐ 50 €

5 Wie wird das Wetter am Wochenende?
- a ☐ kalt
- b ☐ sommerlich
- c ☐ trocken

b Lesen Sie die Anzeigen. Welche Überschrift passt zu welcher Anzeige? Ordnen Sie zu.

a **Bildervortrag** b **Yoga-Workshop** c **Messe für Genießer** d **Erlebnisbad**

1 ....

Kommen Sie von Freitag (16.10.) bis Sonntag (18.10.) auf den Marktplatz in Lörrach und probieren Sie Speisen und Getränke aus aller Welt. Über 100 Händler erwarten Sie und freuen sich auf Sie!

2 ....

Dieses Wochenende laden wir Sie recht herzlich zum Mondscheinschwimmen ein. Dieses Mal statt bis 22.00 Uhr sogar bis Mitternacht!
Nicht vergessen: Samstag und Sonntag Mondscheinschwimmen bis 0 Uhr!

3 ....

Am Freitag, den 16.10. können Sie mit Herrn Schäfer eine Reise nach Finnland machen. Er lebt seit drei Jahren mit seiner Familie in Helsinki und nimmt Sie für zwei Stunden mit in die fabelhafte Natur Finnlands!

4 ....

Sie möchten sich entspannen und gleichzeitig etwas für Ihre Gesundheit tun? Sie haben am Wochenende Zeit? Dann kommen Sie doch ins Fitnessstudio *Aktiv*.
Günstige Preise!

c Lesen Sie die Anzeigen noch einmal. Sind die Aussagen richtig oder falsch? Kreuzen Sie an.

		✓	✗
1	Die Genießermesse findet im Frühling statt.	☐	☐
2	Herr Schäfer lebt allein.	☐	☐
3	Das Schwimmbad hat am Wochenende immer bis 24.00 Uhr geöffnet.	☐	☐
4	Der Yoga-Workshop ist kostenfrei.	☐	☐

4 Erst anziehen und dann duschen? 4

a Was macht man zuerst? Und was dann? Sortieren Sie die Verben.

sich abtrocknen | sich anziehen | sich ausziehen | sich duschen | sich föhnen | sich kämmen | sich rasieren | sich schminken | sich die Zähne putzen

1 ______, 4 ______, 7 ______,

2 ______, 5 ______, 8 ______,

3 ______, 6 ______, 9 ______,

56

b Hören Sie den Text. Was macht die Frau am Morgen? Ordnen Sie die Sätze.

- [ ] Sie fährt um 7.50 Uhr zur Arbeit.
- [ ] Sie duscht sich.
- [ ] Sie putzt sich die Zähne.
- [ ] Sie zieht sich an.
- [ ] Sie kämmt sich die Haare.
- [1] Sie steht um 6.30 Uhr auf.
- [ ] Sie trocknet sich ab.
- [ ] Sie föhnt sich die Haare.
- [ ] Sie füttert ihre Katze.
- [ ] Sie frühstückt.
- [ ] Sie schminkt sich.

c Was machen Sie am Morgen? Schreiben Sie einen Text. Benutzen Sie die Uhrzeiten bzw. *zuerst/dann/danach/schließlich*.

______

______

d Ergänzen Sie die Verben.

sich freuen | sich begrüßen | sich verabschieden | sich mögen | sich unterhalten | sich verabreden | sich ärgern | sich treffen

Einmal im Jahr ______ wir ______1 alle zu einem Familienfest, denn unsere Familie wohnt in ganz Deutschland verteilt. Die ganze Familie ______ ______1 jedes Jahr sehr darauf, denn wir ______ ______3 alle. Am Anfang gibt es immer Sekt und alle können ______ ______4. Dann trinken wir zusammen Kaffee. Ich ______ ______5 dabei immer mit meinen Cousinen und Cousins. Die sehe ich einfach zu selten. Manchmal ______ ich ______6 über meine Mutter, wenn sie zu neugierig ist und alles genau wissen will. Nach dem Abendessen ______ wir ______7 für das Treffen im nächsten Jahr. Wenn wir ______ am Abend ______8 müssen, dann sind alle immer etwas traurig.

5 *Trotzdem* 5–6

a Was muss Karolin machen? Was macht sie wirklich? Ergänzen Sie die Sätze.

Das muss Karolin machen		**Das macht Karolin wirklich**	
1	Fenster putzen	1	mit Claudia telefonieren
2	Brot kaufen	2	Freunde treffen
3	Kuchen backen	3	Yoga machen
4	Hausaufgaben machen	4	Buch lesen
5	staubsaugen	5	mit den Katzen spielen

1 *Karolin muss ihre Fenster putzen. Trotzdem telefoniert sie mit Claudia.*

2 .... *Trotzdem trifft sie Freunde.*

3 *Karolin muss Kuchen backen.* ....

4 .... *Trotzdem liest sie ein Buch.*

5 *Karolin muss staubsaugen.* ....

b Was müssen Sie machen? Was machen Sie wirklich? Schreiben Sie Sätze mit *trotzdem*.

....

....

6 *Deshalb* 5–6

a Welche Probleme hat Carlos? Was passiert deshalb? Ergänzen Sie die Sätze.

Problem/Grund	**Resultat**
1 viel arbeiten	1 keine Hausaufgaben machen
2 Kopfschmerzen	2 nicht zum Sport gehen
3 Mutter kommt zu Besuch	3 Wohnung putzen
4 Deutschtest bestehen	4 Vokabeln lernen
5 Auto kaputt	5 in die Werkstatt fahren
6 lange Haare haben	6 zum Friseur gehen

1 *Carlos muss viel arbeiten. Deshalb macht er keine Hausaufgaben.*

2 .... *Deshalb geht er nicht zum Sport.*

3 *Seine Mutter kommt zu Besuch.* ....

4 .... *Deshalb lernt er Vokabeln.*

5 *Sein Auto ist kaputt.* ....

6 .... *Deshalb geht er zum Friseur.*

b Schreiben Sie je einen Satz mit *deshalb* und mit *trotzdem*.

1 Ich bin krank. — *Deshalb* ___ / *Trotzdem* ___

2 Du hast wenig Geld. — *Deshalb* ___ / *Trotzdem* ___

3 Er muss zur Arbeit gehen. — *Deshalb* ___ / *Trotzdem* ___

4 Sie hat Bauchschmerzen. — *Deshalb* ___ / *Trotzdem* ___

5 Wir sollen für den Test lernen. — *Deshalb* ___ / *Trotzdem* ___

6 Ihr habt Stress. — *Deshalb* ___ / *Trotzdem* ___

7 Sie haben im Lotto gewonnen. — *Deshalb* ___ / *Trotzdem* ___

7 Adjektive im Akkusativ

a Ergänzen Sie die Tabelle.

maskulin	feminin	neutral	Plural
den weiß___ Tisch	die groß___ Flasche	das lustig___ Buch	die bunt___ Stifte
einen hell___ Schrank	eine modern___ Küche	ein krank___ Tier	--- warm___ Jacken
meinen rot___ Schal	meine alt___ Tasche	mein neu___ Bild	meine klein___ Kinder

b Lesen Sie die E-Mail. Ergänzen Sie die Adjektivendungen im Akkusativ.

von	ralph@maili.de
an	marius@maili.de
Betreff	Fragen zum Campingwochenende

Hallo Marius,

wie geht es dir? Ich habe noch ein paar klein___ 1 Fragen zu unserem Campingwochenende. Nimmst du dein klein___ 2 oder dein groß___ 3 Auto? Ich weiß nicht, ob ich mein neu___ 4 Zelt nehmen soll. Das ist toll, aber ziemlich groß. Wenn du dein groß___ 5 Auto nimmst, dann wäre es sicher kein Problem. Dann kann ich auch meinen groß___ 6 Rucksack nehmen ;).

Hast du so einen modern___ 7 Gaskocher? Ich würde gern drei groß___ 8 Dosen Ravioli und ein paar klein___ 9 Packungen Suppe mitnehmen. Hast du einen warm___ 10 Schlafsack für mich? Ich habe nur meinen rot___ 11 Schlafsack, aber der ist immer ziemlich dünn. Und es soll ja frisch werden am Wochenende.

Ach so, ich suche noch jemanden, der auf meine zwei süß___ 12 Katzen aufpasst. Meinst du, dass ich deine neu___ 13 Freundin fragen kann? Sie muss sie auch nur zweimal am Tag füttern.

Bis Freitag

Ralph

8 *Ein / kein / welche?* 8

Beantworten Sie die Fragen.

1 Haben Sie ein Auto? – *Ja, ich habe eins. / Nein, ich habe keins.*
2 Wollen Sie einen Hund? – ......
3 Braucht Ihre Tante neue Gläser? – ......
4 Haben Sie ein Sofa? – ......
5 Möchte Ihre Frau eine neue Tasche? – ......
6 Braucht ihr Kartoffeln? – ......
7 Hast du ein schönes Bild? – ......
8 Möchtest du eine Tasse Tee? – ......
9 Habt ihr noch einen Wein? – ......
10 Wollen Sie ein Haus kaufen? – ......

9 Ihr Anrufbeantworter

Sie hören fünf Ansagen am Telefon. Zu jedem Text gibt es eine Aufgabe. 57
Ergänzen Sie die Telefon-Notizen.

Beispiel:

0
Werkstatt
Auto abholen
Zeit: *ab 8.30 Uhr*

1
Technik-Markt
Was? ......
Wann? Morgen oder übermorgen
Zurückrufen!

2
Englisch-Kurs
Hausaufgabe:
Seite ......
Aufgabe 3

3
Sandro und Karim treffen
Wo? Römer
Wann? ......

4
Flix-Fernbus
Fahrt nach Ulm
Abfahrt: 17.30 Uhr
Ankunft: 20 Uhr
Preis: ......

5
Telefonauskunft
Vorwahl: 0911
Rufnummer: ......

Lernwortschatz

Freizeitaktivitäten

Welche Freizeitaktivitäten haben mit Sport, welche mit Musik und welche mit Essen zu tun?

backen — *Essen*
Basketball spielen
Fahrrad fahren
Gitarre spielen
grillen
ins Restaurant gehen
joggen
kochen
reiten
schwimmen
tanzen
wandern
zum Konzert gehen

Essen

Zeichnen Sie die Wörter.

die Gabel
der Grill
der Löffel
das Messer
die Schüssel

Veranstaltungen

der Eintritt
der Flohmarkt
das Konzert
die Messe
der Zirkus

Reflexive Verben

Schreiben Sie Sätze.

sich abtrocknen — *Ich trockne mich mit dem Handtuch ab.*
sich anziehen
sich ausziehen
sich duschen
sich die Haare föhnen
sich die Haare kämmen
sich rasieren
sich schminken
sich die Zähne putzen
sich ärgern
sich begrüßen
sich freuen
sich treffen
sich unterhalten
sich verabreden
sich verabschieden

Tests

- Mit den Zwischentests zu den Lektionen 7–9 und 10–12 können Sie kontrollieren, wie viel Sie dazugelernt haben. Außerdem bereiten die Zwischentests Sie schrittweise auf den Übungstest *Start Deutsch 2 / telc Deutsch A2* vor.
- Mit dem Übungstest *Start Deutsch 2 / telc Deutsch A2* können Sie ausprobieren, ob Sie das Niveau A2 schon erreicht haben.
- Einen weiteren kompletten Übungstest mit Erklärungen finden Sie auf unserer Webseite.
- Bitte markieren Sie die richtige Antwort auf dem Antwortbogen so:

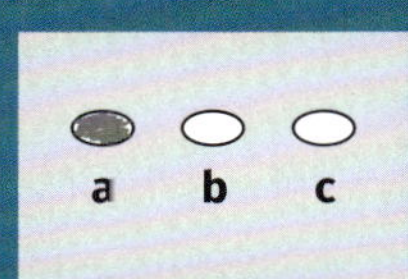

Hören

58 Sie hören ein Gespräch.
Zu diesem Gespräch gibt es drei Aufgaben.
Ordnen Sie zu und notieren Sie den Buchstaben.
Sie hören den Text zweimal.

Beispiel
0 Wen trifft Frau Nowak wo? Herrn Reiser Lösung: *g in seinem Büro*

Wen?	**0** Herrn Reiser	**1** Frau Heller	**2** ihre Tochter	**3** einen Kunden
Wo?	g			

a am Bahnhof
b am Empfang
c im Hof
d in der Direktion
e in der Kantine
f in der Personalabteilung
~~**g**~~ in seinem Büro

Lesen

TIPP
Lesen Sie genau und lesen Sie alles.

Lesen Sie die Anzeigen a–f und die Aufgaben 4–6.
Welche Anzeige passt zu welcher Situation?
Für eine Aufgabe gibt es keine Lösung. Schreiben Sie hier den Buchstaben X.

Beispiel
0 Sie arbeiten als Schneiderin/Schneider und suchen Kunden. Lösung: *Anzeige e*

Situation	**0**	**4**	**5**	**6**
Anzeige	e			

a

Wir sind eine kleine Theatergruppe und suchen alte Kleidung (auch Schuhe und Taschen!) für unser Theater.
Wenn Sie uns Kleidung schenken möchten, bringen Sie Ihre Sachen in die Spielgasse 15.
Samstags von 11 bis 15 Uhr.

b

Die Ausstellung
„Menschen und ihre Kleidung“
im Museum am Schulplatz ist noch bis 31. Januar geöffnet, und zwar:
Dienstag bis Freitag von 10 bis 18 Uhr
Samstag und Sonntag von 11 bis 17 Uhr
Montags geschlossen

c

Sie interessieren sich für die *bunte Modewelt* und arbeiten gern mit *jungen Menschen?* Dann machen Sie bei uns eine *Ausbildung zur Verkäuferin oder zum Verkäufer.*
Rufen Sie uns an:
MODEN RIESIG
Herr Silvester, 0185 3314678

d

MODEWELT AM HAUPTBAHNHOF
Europaplatz 3
Tolle Mode zu günstigen Preisen!
Wunderschöne Kleider, dazu schicke Schuhe und passende Taschen in vielen tollen Farben! Besuchen Sie uns noch heute in unserem Geschäft am Hauptbahnhof!

e

Modetage in Allstadt
vom 23. bis 27. September
DER Termin für junge Schneiderinnen und Schneider:
Hier könnt ihr eure Mode zeigen, hier trefft ihr neue Kunden.
Anmeldung unter *modetage@allstadt.*

f

Fachschule für Mode
Das Kursprogramm für die Ausbildung zum Schneider bzw. zur Schneiderin ist jetzt online.
Anmeldungen unter:
anmeldung@mode.net

0 Sie arbeiten als Schneiderin/Schneider und suchen Kunden.
4 Sie möchten Schneiderin/Schneider werden. Sie suchen nach Informationen.
5 Ihre Freundin hat Geburtstag. Sie möchten ihr eine günstige Tasche schenken.
6 Sie möchten in Ihrer Freizeit in einer Theatergruppe spielen.

Schreiben

Sie möchten einen Kurs machen. Melden Sie sich in einer E-Mail zu einem Kurs an.

Hier finden Sie vier Punkte. Wählen Sie drei aus. Schreiben Sie zu jedem dieser drei Punkte ein bis zwei Sätze.

Vergessen Sie nicht den passenden Anfang und den Gruß am Schluss.
Schreiben Sie ca. 40 Wörter.

Welcher Kurs?

Warum Sie den Kurs machen möchten

Etwas mitbringen

Kosten

Hören, Teil 1

59

Sie hören drei Informationen aus dem Radio.
Zu jedem Text gibt es eine Aufgabe.
Markieren Sie: a, b oder c.
Sie hören jeden Text einmal.

TIPP
Wonach genau wird gefragt – was, wer, wann?

1 Was gibt der Radiodoktor?
a Auskunft über Sport **b** einen Termin **c** gute Tipps ○ a ○ b ○ c

2 Wer kann ein kostenloses Konto eröffnen?
Personen
a unter 24 Jahren **b** unter 25 Jahren **c** unter 26 Jahren ○ a ○ b ○ c

3 An welchem Tag können Kinder segeln lernen?
a am Dienstag **b** am Freitag **c** am Samstag ○ a ○ b ○ c

Hören, Teil 2

Sie hören ein Gespräch.
Zu diesem Gespräch gibt es vier Aufgaben.
Ordnen Sie zu und notieren Sie den Buchstaben.
Sie hören den Text zweimal.

TIPP
Hören Sie genau zu:
Was (4 – 7) ist wo (a – h)?

Beispiel
0 Wo sind die Wassergläser? Lösung: *b auf dem Regal*

Was?	**0** Wassergläser	**4** Weingläser	**5** Messer	**6** Öl	**7** Getränke
Wo?	b				

a auf dem kleinen Schrank
b auf dem Regal
c im Geschirrspüler
d im Keller
e im Kühlschrank
f im Schrank
g in der Schublade
h neben dem Herd

Lesen

Lesen Sie die Aufgaben 8–11 und die Information. Markieren Sie: a, b oder c.

0 Sie möchten ein Sparkonto für Ihren Sohn.
a 2. Stock **b** 1. Stock **c** Erdgeschoss ○ a ● b ○ c

8 Sie möchten Geld umtauschen.
a 2. Stock **b** 1. Stock **c** Erdgeschoss ○ a ○ b ○ c

9 Sie möchten ein neues Konto.
a 2. Stock **b** Erdgeschoss **c** anderes Stockwerk ○ a ○ b ○ c

10 Sie möchten Geld von Ihrem Konto abheben.
a 2. Stock **b** 1. Stock **c** Erdgeschoss ○ a ○ b ○ c

11 Sie möchten den Chef sprechen.
a 3. Stock **b** 2. Stock **c** 1. Stock ○ a ○ b ○ c

GELDER-BANK	
3. Stock	Filialleiter / Personalabteilung
2. Stock	Geschäftskunden / Geldanlagen / Rechtsberatung
1. Stock	Kontoeröffnungen / Kreditkarten / Sparkonten und Sparbücher
EG	Geldautomaten / Kontoauszüge / Ein- und Auszahlungen / Überweisungen, Geldwechsel

Schreiben

Ihre Freundin Paula möchte ihren Sohn Daniel (10) im Sportverein anmelden. Daniel wohnt bei seiner Mutter. Er spielt gerne Fußball. Deshalb möchte er Mitglied im Sportverein werden.
Paula soll ein Formular ausfüllen und bittet Sie um Hilfe.

Schreiben Sie die fünf fehlenden Informationen in das Formular.

ANMELDEFORMULAR SV JUGENDSPIEL

Neues Mitglied

Name: **Rivas** 0

Vorname: [ ] 1

Adresse: Straße: [ ] 2

PLZ: 99425

Ort: [ ] 3

Sportart: ☐ Turnen ☐ Radfahren ☐ Fußball 4

Bezahlung

Kreditkarteninhaber/-in:

Name: **Rivas**

Vorname: [ ] 5

Kartennummer: 5480 9174 9648 8084

gültig bis: Dezember 2025

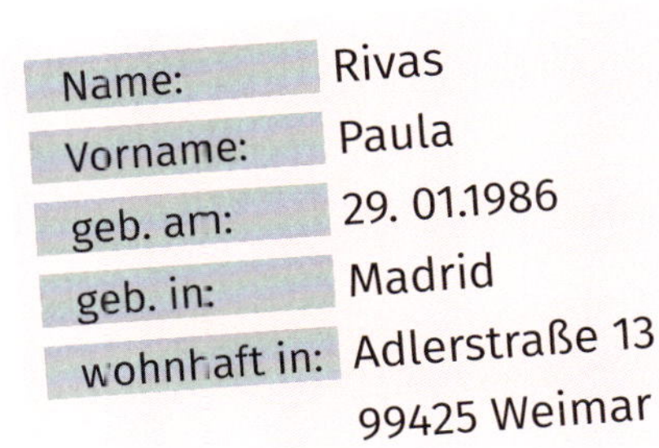

Hören, Teil 1

60 Sie hören fünf Ansagen am Telefon. Zu jedem Text gibt es eine Aufgabe.
Ergänzen Sie die Telefonnotizen. Sie hören jeden Text zweimal.

Beispiel

0

Zahnarzt
neuer Termin
Mittwoch, *9.30 Uhr*

1

Institut Dr. Maier
früher zur Untersuchung
um wie viel Uhr? ……………

2

Anruf von Irina
für Claudia arbeiten
Wann? ……………

3

Sportverein
Formular
Was tun? ……………

4

Tischbestellung
Personen
Wie viele? ……………

5

Theater
Peter treffen
Wo? ……………

Hören, Teil 2

Sie hören fünf Informationen aus dem Radio. Zu jedem Text gibt es eine Aufgabe.
Markieren Sie: a, b oder c. Sie hören jeden Text einmal.

Beispiel
Wie spät ist es gleich?
a 5.30 Uhr **b** 6.30 Uhr **c** 17.30 Uhr

● a ○ b ○ c

6 Wann kann man Karten gewinnen?
a am Samstag **b** heute **c** morgen

7 Warum haben die Züge Verspätung?
a Bauarbeiten **b** schlechtes Wetter **c** viele Fahrgäste

8 Wie warm wird es morgen in Bayern?
a bis 11 Grad **b** bis 13 Grad **c** bis 15 Grad

9 Worauf bekommen Clubmitglieder 10 Prozent?
a auf alle Lebensmittel **b** auf Fleisch **c** auf Obst und Gemüse

10 Wo spielen die Musiker bei schlechtem Wetter?
a auf der Bühne **b** in der alten Schule **c** in der Stadthalle

Hören, Teil 3

Sie hören ein Gespräch. Zu diesem Gespräch gibt es fünf Aufgaben.
Ordnen Sie zu und notieren Sie die Buchstaben. Sie hören den Text zweimal.

Beispiel

0 Wo befindet sich was? Schließfächer Lösung: *f im Untergeschoss*

Was?	**0** Schließfächer	**11** Turnsaal	**12** Lehrerzimmer	**13** Kopierzimmer	**14** Schulleitung	**15** Chemiesaal
Wo?	*f*					

a am Ende des Ganges **b** gegenüber der Glastür **c** hinter dem Schulhof

d hinter der Holztür **e** hinter der Pflanze **f** im Untergeschoss

g neben dem Eingang **h** neben dem Getränkeautomaten **i** um die Ecke

Lesen, Teil 1

Lesen Sie die Aufgaben 1–5 und die Information. Markieren Sie: a, b oder c.

Beispiel

Sie möchten gerne eine fremde Sprache lernen.

a Seite 10–16 **b** Seite 17–23 **c** Seite 43–52

● a ○ b ○ c

1 Sie möchten sich mehr bewegen.

a Seite 17–23 **b** Seite 43–52 **c** andere Seiten

2 Sie möchten lernen, mit Kunden zu telefonieren.

a Seite 17–23 **b** Seite 30–42 **c** Seite 43–52

3 Ihr kleiner Bruder möchte lesen üben.

a Seite 17–23 **b** Seite 30–42 **c** Seite 43–52

4 Sie suchen einen Englischkurs für Ihre kleine Tochter.

a Seite 10–16 **b** Seite 17–23 **c** Seite 43–52

5 Sie möchten Ihren Eltern einen Computerkurs schenken.

a Seite 17–23 **b** Seite 24–29 **c** Seite 43–52

VHS-Programm **Inhaltsverzeichnis**	Seiten
Einstufung – Kursberatung – Fremdsprachen für Erwachsene – Erstsprachen – Deutsch als Zweitsprache – Fremdsprachen für Kinder	10–16
Zeitplanung – Arbeitsorganisation – Lesetraining – Welcher Lerntyp sind Sie? Selbsttests – Tipps fürs Sprachenlernen – Mathematik leicht gemacht – Keine Angst vor Prüfungen	17–23
PC-Wissen für Anfänger – Grundkurs Word – Word für Fortgeschrittene – Excel I – Excel II – Webseiten selbst erstellen – Bildbearbeitung	24–29
Handy immer dabei? Tipps für weniger Stress im Alltag – Massage – Gesund bleiben im Alter – Yoga für Anfänger – Yoga für Fortgeschrittene – Tanzen für Eltern und Kinder – Fit bei der Arbeit	30–42
Sprache & Arbeit – Bewerbungstraining – Schriftliche Bewerbungen – Arbeitsverträge richtig lesen – Kommunikation am Telefon – Präsentationen – Briefe schreiben – Arbeiten im Team trainieren – Kunden gut beraten, was heißt das?	43–52

Lesen, Teil 2

Lesen Sie den Text und die Aufgaben 6–10. Sind die Aussagen richtig (+) oder falsch (-)? Markieren Sie.

Beispiel	
0 Das Go-Spiel kommt aus China.	● + ○ –

6 Die meisten Go-Spieler gibt es in Europa.

7 Für Computer ist Go-Spielen nicht leicht.

8 Das Programm hat mit vielen Menschen geübt.

9 Das Programm hat jedes der fünf Spiele gegen einen Menschen gewonnen.

10 Der beste Spieler der Welt wird auf jeden Fall gewinnen.

www.spielederwelt.de

Ein Computer gewinnt im Go-Spiel

Das Go-Spiel stammt aus China und ist schon sehr alt. Man spielt es mit schwarzen und weißen Steinen. Zuerst wurde es nur in Asien gespielt. Seit dem 20. Jahrhundert ist es auf der ganzen Welt bekannt. Es gibt ungefähr 27 Millionen Go-Spieler auf der Welt. Die meisten Go-Spieler leben auch heute noch in Asien. In Europa wird Go am liebsten in Deutschland gespielt.

Es ist ein kompliziertes Spiel, das auch für Computer schwierig ist. Nun hat ein Computer gegen den besten Spieler in Europa gewonnen. Als Übung hatte das Computerprogramm tausende Spiele gegen andere Spielprogramme gespielt. Dann hat es fünf Spiele gegen den besten europäischen Spieler gespielt und alle gewonnen. Bald soll das Computerprogramm auch gegen den besten Spieler der Welt spielen.

Der beste Spieler der Welt glaubt, dass er gegen den Computer gewinnen kann. Sicher ist das aber nicht, denn das Programm spielt immer wieder gegen sich selbst und lernt ständig dazu.

Lesen, Teil 3

Lesen Sie die Anzeigen a–h und die Aufgaben 11–15. Welche Anzeige passt zu welcher Situation?
Für eine Aufgabe gibt es keine Lösung. Schreiben Sie hier den Buchstaben X.

Beispiel
0 Ihr Sohn ist fünf. Sie möchten, dass er spielerisch Musik kennenlernt. Lösung: *Anzeige e*

Situation	**0**	**11**	**12**	**13**	**14**	**15**
Anzeige	*c*					

11 Ihre Schwester sucht Tickets für ein Konzert am Wochenende.
12 Sie möchten Ihren alten Schreibtisch verkaufen.
13 Ihr Nachbar muss umziehen. Er braucht Hilfe beim Möbeltransport.
14 Ihre Eltern möchten eine Musikreise ins Ausland machen.
15 Sie möchten zusammen mit anderen singen.

a
Der Singverein Marienberg sucht noch männliche und weibliche Stimmen. Wenn Sie Freude am Singen haben und gerne mit Menschen zusammen sind, dann schreiben Sie uns: *singen@marienberg.net*

b
Umzug-Service: Wir helfen Ihnen!
Vier starke Arme, mit oder ohne Lieferwagen, günstig zu mieten. Wir arbeiten auch am Wochenende schnell und gut.
Sie ziehen um, wir sind dabei!
Tel.: 0553 76 34 88

c
Singen und Tanzen in der Gruppe
Viel Freude mit lustigen Liedern, Musik und Bewegung!
Der Spielkreis:
jeden Donnerstag um 15 Uhr in der Turnhalle, Kinder von 4 bis 6 Jahren, 5 €

d
Roberta Aroba singt wieder – die sympathische Sängerin stellt am Samstagabend in der Stadthalle ihre neuen Lieder vor.
Es gibt noch Restkarten.
Beginn: 21 Uhr, Einlass: 20 Uhr
Eintritt: 18 Euro

e
GÜNSTIG! Wir ziehen um und verkaufen unsere Büromöbel:
Schränke | Schreibtische | Bürostühle
Besichtigung und Verkauf Samstag von 9 bis 12 Uhr.
Nur Selbstabholung! Beethovenstraße 255

f
Brasilianische Berufsmusikerin mit viel Erfahrung im In- und Ausland gibt Unterricht im Singen und Klavierspielen. Einzelstunden für Erwachsene und Kinder ab zwölf Jahren.
Für weitere Auskünfte bitte 0661 347891 anrufen (18.00 bis 19.30 Uhr)

g
ALTWAREN RIEGER – wir kaufen gebrauchte Möbel für Schlafzimmer, Wohn- und Esszimmer und Büro.
Für gute Qualität zahlen wir beste Preise!
Wir holen Ihre Möbel auch gerne ab.
Kontakt: altwaren@rieger.net

h
Schreibtische fürs Büro und fürs Zuhause
Sie suchen das Besondere? Modernes Design, schönes Holz, beste Handarbeit:
Wir liefern Ihnen den Schreibtisch, der zu Ihnen passt! Interessiert? Hier geht es zum Kontaktformular.

Schreiben, Teil 1

Ihre Freundin Alicia möchte ihren Sohn Manuel in der Schule anmelden. Manuel soll auch in der Schule essen. Das Geld für das Essen möchte Alicia von ihrem Konto bezahlen. Sie hat das Formular noch nicht ganz ausgefüllt und bittet Sie um Hilfe.
Schreiben Sie die fünf fehlenden Informationen in das Formular.

Name:	Schmidt
Vorname:	Manuel
geb. am:	18.02.2018
geb. in:	Murcia, Spanien
wohnhaft in:	Gärtnerweg 78b 66132 Saarbrücken

Alicia stammt aus Spanien. Sie lebt seit Kurzem mit ihrem Mann Uwe Schmidt und ihrem Sohn Manuel in Deutschland. Sie spricht mit ihrem Sohn Spanisch, ihr Mann spricht mit ihm Deutsch. Alicia arbeitet als Übersetzerin, ihr Mann Uwe ist Elektriker.

Heinrich-Heine-Schule Saarbrücken

Anmeldung

Name des Schülers/der Schülerin:

Familienname: Schmidt — Vorname: ______ **0**

Geburtsdatum: 18.02.2018 — Geburtsort/Land: ______ **1**

Adresse: Gärtnerweg 78b
66132 Saarbrücken

Muttersprache(n): Deutsch, ______ **2**

Name der Mutter: Schmidt — Vorname: Alicia — Beruf: ______ **3**

Name des Vaters: Schmidt — Vorname: Uwe — Beruf: Elektriker

Mittagessen: ☐ ja ☐ nein **4**

Name des Kontoinhabers: ______ **5**

Bank: Gelder-Bank

IBAN: DE43 7898765115698200

BIC: NIORWOM

Schreiben, Teil 2

Sie möchten im Sommer einen Englischkurs in London machen. Ihre Freundin Emily lebt in London. Sie möchten in dieser Zeit bei ihr wohnen. Schreiben Sie ihr eine E-Mail.
Hier finden Sie vier Punkte. Wählen Sie drei aus. Schreiben Sie zu jedem dieser drei Punkte ein bis zwei Sätze.
Vergessen Sie nicht den passenden Anfang und den Gruß am Schluss.
Schreiben Sie ca. 40 Wörter.

Sprachschule | **Kursdauer** | **Hilfe** | **Unterkunft**

Sprechen, Teil 1

Sich vorstellen

Name?
Alter?
Land?
Wohnort?
Sprachen?
Beruf?
Hobby?

Sprechen, Teil 2

Ein Alltagsgespräch führen

Thema: **Arbeiten**	Thema: **Arbeiten**
Was ... ?	***Wo ... ?***
Thema: **Arbeiten**	Thema: **Arbeiten**
Wie viele ... ?	***... ?***
Thema: **Arbeiten**	Thema: **Arbeiten**
Wer ... ?	***Wie lange ... ?***
Thema: **Arbeiten**	Thema: **Arbeiten**
Seit wann ... ?	***... ?***

Sprechen, Teil 3

Etwas aushandeln

Ihr Deutschkurs möchte eine Feier für die Kinder der Teilnehmerinnen und Teilnehmer machen.
Sie beide sollen das Essen planen. Machen Sie Vorschläge. Welches Essen sollen die Kinder bekommen?
Warum? Warum nicht? Finden Sie **zwei** passende Ideen.

Teilnehmer/in A

frisches Obst

Nachtisch

was?

warum?

wie?

warmes Essen

?

Zutaten einkaufen

Sprechen, Teil 3

Etwas aushandeln

Ihr Deutschkurs möchte eine Feier für die Kinder der Teilnehmerinnen und Teilnehmer machen.
Sie beide sollen das Essen planen. Machen Sie Vorschläge. Welches Essen sollen die Kinder bekommen?
Warum? Warum nicht? Finden Sie **zwei** passende Ideen.

Teilnehmer/in B

Hamburger und „Fast Food“

mit Fleisch oder ohne

was?

warum?

wie?

?

Essen kochen

Getränke

telc LANGUAGE TESTS

START DEUTSCH 2

1090

Hören - Teil 1

1 ______ 1 + −

2 ______ 2 + −

3 ______ 3 + −

4 ______ 4 + −

5 ______ 5 + −

Teil 2

6 a b c 6
7 a b c 7
8 a b c 8
9 a b c 9
10 a b c 10

Teil 3

11 a b c d e f g h i 11
12 a b c d e f g h i 12
13 a b c d e f g h i 13
14 a b c d e f g h i 14
15 a b c d e f g h i 15

Lesen

Teil 1

1 a b c 1
2 a b c 2
3 a b c 3
4 a b c 4
5 a b c 5

Teil 2

6 + − 6
7 + − 7
8 + − 8
9 + − 9
10 + − 10

Teil 3

11 a b c d e f g h x 11
12 a b c d e f g h x 12
13 a b c d e f g h x 13
14 a b c d e f g h x 14
15 a b c d e f g h x 15

Schreiben - Teil 1

Teil 1

1 ______

2 ______

3 ______

4 ______

5 ______

Für die Bewertung!

+ − 1
+ − 2
+ − 3
+ − 4
+ − 5

13 Code-Nr. Bewerter/in 1

13 Code-Nr. Bewerter/in 2

13 Code-Nr. telc Bewerter/in

Schreiben - Teil 2

Für die Bewertung

Anhang

Im Anhang können Sie noch einmal nachlesen:

- die wichtigste neue Grammatik kurz zusammengefasst
- wichtige Redemittel aus den Lektionen

1 Pronomen

Demonstrativpronomen *der, die, das*

	Nominativ	Akkusativ
Wie findest du **den Pullover**?	**Der** ist schön.	**Den** kaufe ich.
Kaufst du **diese Jacke**?	Ja, **die** steht mir.	Ich nehme **die**.
Welches Handy meinst du?	**Das** in der Mitte.	**Das** möchte ich haben.
Die Stiefel kaufe ich nicht.	Sind **die** zu teuer?	Ich brauche **die** nicht.

Indefinitpronomen *jeder, einer, keiner, welche*

jeder

	maskulin	feminin	neutral
Nominativ	**jeder**	**jede**	**jedes**
Akkusativ	**jeden**	**jede**	**jedes**

einer, keiner und *welche*

	Wen? Akkusativ	Wen? Akkusativ	Wer? Nominativ
der	Ich brauche **einen Teller**.	Ich brauche **einen/keinen**.	Hier ist **einer/keiner**.
die	Gibst du mir bitte **eine Gabel**?	Hier hast du **eine/keine**.	Da ist **eine/keine**.
das	Hast du **ein Glas**?	Ich habe **eins/keins**.	Hier ist **eins/keins**.
die (Pl.)	Haben wir noch **Löffel**?	Wir haben noch **welche**./ Wir haben **keine**.	In der Küche sind noch **welche**./ In der Küche sind **keine**.

Relativpronomen im Nominativ, Akkusativ und Dativ

	Singular			Plural
	maskulin	**feminin**	**neutral**	
Nominativ	der	die	das	die
Akkusativ	den	die	das	die
Dativ	dem	der	dem	denen

2 Artikel

Possessivartikel im Akkusativ und Dativ

Possessivartikel funktionieren wie die unbestimmten Artikel: *ein/mein, eine/meine ...*

Akkusativ

	ich	du	er/es	sie	wir	ihr	sie/Sie
der	meinen	deinen	seinen	ihren	unseren	euren	ihren/Ihren
die	meine	deine	seine	ihre	unsere	eure	ihre/Ihre
das	mein	dein	sein	ihr	unser	euer	ihr/Ihr
die (Pl.)	meine	deine	seine	ihre	unsere	eure	ihre/Ihre

Dativ

	ich	du	er/es	sie	wir	ihr	sie/Sie
der	meinem	deinem	seinem	ihrem	unserem	eurem	ihrem/Ihrem
die	meiner	deiner	seiner	ihrer	unserer	eurer	ihrer/Ihrer
das	meinem	deinem	seinem	ihrem	unserem	eurem	ihrem/Ihrem
die (Pl.)	meinen	deinen	seinen	ihren	unseren	euren	ihren/Ihren

3 Verben

Modalverb *dürfen* + Negation

ich	**darf**
du	**darfst**
er/sie/es	**darf**
wir	dürfen
ihr	dürft
sie/Sie	dürfen

Sie **dürfen** im Büro nicht **rauchen**.

Du **darfst** keine defekten Elektrogeräte **verwenden**.

Modalverben *können, dürfen, wollen, sollen* im Präteritum

	können	dürfen	wollen	sollen
ich	konnte	durfte	wollte	sollte
du	konntest	durftest	wolltest	solltest
er/sie/es	konnte	durfte	wollte	sollte
wir	konnten	durften	wollten	sollten
ihr	konntet	durftet	wolltet	solltet
sie/Sie	konnten	durften	wollten	sollten

Verben mit Dativ und Akkusativ

	Wem? Dativ	Was? Akkusativ
Ich gebe	Ihnen	eine Salbe.
Ich schenke	ihr	einen Yogakurs.
Ich schreibe	dir	einen Brief.

Auch so: bringen, empfehlen, erzählen, geben, holen, kaufen, leihen, schenken, schicken, schreiben, wünschen, zeigen

Der Konjunktiv II

	werden	haben	sein	sollen	können
ich	würde	hätte	wäre	sollte	könnte
du	würd**e**st	hätt**e**st	wärst	sollt**e**st	könnt**e**st
er/sie/es	würde	hätte	wäre	sollte	könnte
wir	würden	hätten	wären	sollten	könnten
ihr	würd**e**t	hätt**e**t	wärt	sollt**e**t	könnt**e**t
sie/Sie	würden	hätten	wären	sollten	könnten

Ratschläge:	Du solltest	den Kunden noch einmal	anrufen.
Vorschläge:	Wir könnten	bis Bonn	fahren.
Höfliche Bitte:	Würden	Sie mir bitte	helfen?
	Könnten	Sie am Samstag	arbeiten?

Passiv Präsens und das Verb *werden*

ich	werde
du	**wirst**
er/sie/es	**wird**
wir	werden
ihr	werd**e**t
sie/Sie	werden

Passiv Präsens
= werden + Partizip II

	werden		Partizip II
Das Geld	**wird**	auf Ihr Konto	**überwiesen**.
Sie	**werden**	per SMS	**informiert**.
Ihr	**werdet**	gut	**beraten**.

4 Adjektive

Adjektivdeklination mit bestimmtem Artikel im Nominativ und Akkusativ

	Singular			Plural
	maskulin	**feminin**	**neutral**	
Nominativ	**der** rote Schal	**die** rote Jacke	**das** rote T-Shirt	**die** roten Flip-Flops
Akkusativ	**den** roten Schal	**die** rote Jacke	**das** rote T-Shirt	**die** roten Flip-Flops

Adjektivdeklination mit unbestimmtem Artikel im Nominativ und Akkusativ

	Singular			Plural
	maskulin	**feminin**	**neutral**	
Nominativ	**ein** rote Schal	**eine** rote Jacke	**ein** rotes T-Shirt	--- rote Flip-Flops
Akkusativ	**einen** roten Schal	**eine** rote Jacke	**ein** rotes T-Shirt	--- rote Flip-Flops

5 Satzbau

Sätze mit *dass*

Es ist wichtig, dass alle Kinder in die Schule gehen.

Ich freue mich, dass Sie da sind.

Hauptsatz **Nebensatz**

Im Nebensatz mit *dass* steht das konjugierte Verb **am Ende**.

Sätze mit *damit*

Ich gucke die Nachrichten, damit ich informiert bin.
Hauptsatz **Nebensatz**

Im Nebensatz mit *damit* steht das konjugierte Verb **am Ende**.

Sätze mit *deshalb* und *trotzdem*

Ich bin krank. Deshalb gehe **ich** heute nicht zur Arbeit.
Hauptsatz 1 **Hauptsatz 2**

Das Adverb *deshalb* steht auf **Position 1** des zweiten Hauptsatzes. Es gibt einen **Grund** an.

Ich bin krank. Trotzdem gehe **ich** zur Arbeit.
Hauptsatz 1 **Hauptsatz 2**

Das Adverb *trotzdem* steht auf **Position 1** des zweiten Hauptsatzes.
Es gibt einen **Gegensatz/Widerspruch** an.

Relativsätze

	ohne Relativpronomen	mit Relativpronomen
der	Ich habe **einen Cousin**. **Er ist** Bankkaufmann.	Ich habe einen **Cousin**, **der** Bankkaufmann **ist**.
die	Das ist **meine Tasche**. Ich **habe sie** gestern gekauft.	Das ist **meine Tasche**, **die** ich gestern gekauft **habe**.
das	Ich habe **ein Kind**. **Es ist** drei Jahre alt.	Ich habe **ein Kind**, **das** drei Jahre alt **ist**.
die (Pl.)	Ich kaufe **Möbel**. **Sie sind** neu.	Ich kaufe **Möbel**, **die** neu **sind**.

Indirekte Fragen mit Fragepronomen

direkte Frage	**indirekte Frage**			
Was kostet das?	Weiß jemand,	**was**	das	kostet?
Wie funktioniert der Automat?	Wissen Sie,	**wie**	der Automat	funktioniert?
Wo ist die Bank?	Kannst du mir sagen,	**wo**	die Bank	ist?

Lektion 7

Einkaufsbummel

Der Schal gefällt mir gut.

Siehst du den tollen Pullover im Schaufenster?

Die Sonnenbrille ist wunderschön.

Er findet den Rock hübsch.

Sie mag Turnschuhe ganz gern/nicht so gern.

Sie sucht eine schicke Tasche.

Ich möchte noch ein Paar Schuhe kaufen.

Die Badeshorts sind klasse.

Das T-Shirt ist das perfekte Geschenk für sie.

In der Umkleidekabine kann er alles anprobieren.

Farben und Muster

Rot ist meine Lieblingsfarbe.

Das grüne Kleid steht dir gut.

Wie findest du den grauen Gürtel?

Der schwarze Mantel passt zu den Schuhen.

Die gelben Socken sind hübsch.

Der blaue Anzug ist nicht schlecht.

Die schwarz-weißen Badeshorts passen wunderbar.

Ich möchte die einfarbige Jacke anprobieren.

Den gepunkteten Schal finde ich schön.

Das gestreifte T-Shirt ist sehr schick.

Das karierte Hemd ist doch super!

Haben Sie die roten Flip-Flops in Größe ...?

Welche Größe haben die grünen Turnschuhe?

Preise

Das Kleid ist sehr günstig.

Der Badeanzug ist mir zu teuer.

Die Kleider sind im Angebot.

Alle Wanderschuhe sind reduziert.

Der Anzug ist ein Schnäppchen!

Wo gibt es das?

Entschuldigung, wissen Sie, wo ich ... finde?
... finden Sie im Erdgeschoss.

Im 1./2./... Obergeschoss können Sie ... kaufen.
... finden Sie in der Abteilung ...

Im Restaurant

Ist dieser Tisch noch frei?

Wir haben noch nicht in die Speisekarte geschaut.

Ich möchte etwas zu trinken/essen bestellen.

Ich hätte gern ...

Als Vorspeise/Hauptspeise/Nachspeise nehme ich ...

Ich möchte ... probieren.

Haben Sie auch ein vegetarisches Gericht?

Ist dieses Gericht gebraten/gekocht/frittiert/gebacken?

Die Rechnung bitte.

Das macht ... Euro.

Stimmt so.

Lektion 8

Arbeitsbeginn

Bitte kommen Sie kurz vorbei.

Bitte geben Sie uns ...
... Ihre Steuernummer.
... Ihre Bankverbindung.
... Ihre Kontonummer.
... Informationen zu Ihrer Krankenversicherung.

Melden Sie sich bitte um ... Uhr bei mir.

Frau/Herr ... erwartet Sie um ... Uhr in der Personalabteilung.

Um ... Uhr ist ein Telefontraining geplant.

Er erklärt ihr noch ein paar Dinge.

Termine und Arbeitsaufträge

Würden Sie mich bei Besprechungen unterstützen?

Hätten Sie Zeit, Ihrem Kollegen zu helfen?

Drucken Sie bitte diese Unterlagen aus.

Ich habe eine Bitte an Sie.

Sie soll dringend mit den Kunden telefonieren.

Würdest du bitte den Kunden/die Kundin kurz zurückrufen?

Er muss um ... Uhr etwas mit den Kollegen besprechen.

Schicken Sie bitte diese Mail an ...

Würden Sie bitte noch das Protokoll schreiben?

Können wir uns um ... Uhr zu einer Besprechung treffen?

Kannst du morgen für mich zu diesem Termin gehen?

Sicherheit am Arbeitsplatz

Er darf keine defekten Elektrogeräte benutzen.

Sie dürfen die Steckdosen nicht überlasten.

Im Büro ist Rauchen verboten.

Offene Flammen sind nicht erlaubt.

Ordnen Sie bitte die Kabel an Ihrem Arbeitsplatz.

Wenn es brennt, müssen alle Ruhe bewahren.

Arbeitsschutz

Er soll seinen Bürostuhl auf die richtige Höhe einstellen.

Man soll immer gerade sitzen.

Sie soll regelmäßig Pausen machen.

Er stellt den Bildschirm nicht in Richtung Fenster.

Telefontraining

Er stellt sich klar und deutlich vor.

Ich notiere den Namen und den Grund für den Anruf.

Er spricht höflich mit dem Anrufer.

Sie hört dem Kunden genau zu.

Ich soll dem Kunden freundlich antworten.

Ich helfe den Kunden schnell und unbürokratisch.

Vielen Dank für Ihren Anruf.

Neue Mitarbeiter stellen sich vor

Bei der Firma ... arbeite ich als ...

Meine Aufgabe ist es, ...

Jeder Kollege/Jede Kollegin arbeitet in seinem/ihrem Bereich.

Ich helfe bei der Vor- und Nachbereitung von Besprechungen.

Lektion 9

Das Schulsystem

Er informiert die Eltern über das deutsche Schulsystem.

Von Bundesland zu Bundesland gibt es in Deutschland kleine Unterschiede.

Kindergarten oder Kita sind freiwillig.

In Deutschland gibt es eine Schulpflicht für alle.

Die meisten Kinder kommen mit sechs Jahren in die Schule.

Die Grundschule dauert vier Jahre.

Kinder müssen mindestens neun Jahre zur Schule gehen.

Eltern müssen kein Schulgeld bezahlen.

Jungen und Mädchen lernen gemeinsam in einer Klasse.

Die Schulfächer

In der Schule hat man verschiedene Schulfächer.

Der Unterricht in ... macht ihm großen Spaß.

Mein Lieblingsfach ist ...

Zukunftspläne

Er möchte nach seinem Schulabschluss eine Ausbildung machen.

Nach dem Abitur will sie studieren.

Sie weiß noch nicht, was sie später werden will.

Jedes Kind muss auch an die Zukunft denken, eine gute Ausbildung ist wichtig.

Was möchtest du studieren?

Er studiert Informatik/Medizin/Mathematik /... an der Universität.

Sie interessiert sich für ein duales Studium/ Bachelorstudium/Masterstudium.

Nach dem Bachelor möchte er arbeiten/ein Masterstudium beginnen.

Sie möchte ein Semester in Deutschland studieren.

Schulische Pflichten und Leistungen

Sie müssen am Nachmittag die Hausaufgaben machen.

Er muss für die Klassenarbeit lernen.

Alle müssen an diesem Test teilnehmen.

In der Prüfung konnte ich die Aufgabe (nicht) lösen.

Heute bekommen die Schüler das Jahreszeugnis.

Sie hat eine gute/schlechte Note bekommen.

Er hat eine ... in ... geschrieben.

Er hat sich in ... auf eine ... verbessert/ verschlechtert.

Lektion 10

Schmerzen und Beschwerden

Sie hat starke Schmerzen.

Sein Bein/Sein Kopf/Seine Schulter/Sein Hals tut ihm weh.

Er hat Probleme mit dem Rücken/den Augen.

Kennst du einen guten Arzt?

Was ist gut gegen ...?

Was kann ich für meinen/meine/mein ... machen?

Sie hat ihm viele gute Tipps gegen seine Schmerzen gegeben.

Schau doch im Internet nach Rückenkursen.

Fitness und Sport

Sie treibt viel Sport für ihre Gesundheit.

Er achtet auf seine Gesundheit.

Sie macht zwischendurch Pausen und bewegt sich.

Im Alltag haben wir nicht genug Bewegung.

Sie ist (nicht) fit.

Der Trainer zeigt Ihnen gute Übungen, die im Alltag helfen.

Er macht die Übung nach ihren Anweisungen.

Gesundheitstipps

Kennst du ein gutes Hausmittel gegen ...?

Trink einen heißen Tee gegen deine Erkältung.

Bei Fieber muss er im Bett bleiben.

Die Tablette hilft gegen Schmerzen.

Geh joggen, damit du den Kopf frei bekommst.

Legen Sie eine Wärmflasche auf den Rücken, damit die Schmerzen weggehen.

Yoga ist gut für den Rücken.

Lass dich massieren, damit sich deine Muskeln entspannen.

Leg Eiswürfel auf die Hand, damit die Schwellung weggeht.

Ich nehme Tropfen, damit ich besser schlafen kann.

Ein Verband hilft, damit er das Gelenk nicht so viel bewegt.

Beim Arzt

Der Arzt empfiehlt ihm, mehr Sport zu machen.

Ich gebe Ihnen eine Salbe.

Die Ärztin verschreibt ihr Tabletten.

Haben die Medikamente Nebenwirkungen?

Manche Patienten klagen über Müdigkeit.

Die Salbe kann die Haut reizen.

Ich wünsche Ihnen gute Besserung.

Sollten Sie Probleme haben, kommen Sie bitte sofort wieder.

Bitte kommen Sie in ... Tagen/Wochen wieder.

Gesundheitskurse

Er möchte Informationen über den ...kurs.

Als alternative Therapie möchte sie ... machen.

Bieten Sie auch Yogakurse an?

Die Krankenkasse zahlt einen Teil der Kursgebühr.

Sie kündigt die Mitgliedschaft.

Lektion 11

Am Bankschalter

Sie zahlt ... Euro auf ihr Konto ein.

Sie bringt Geld zur Bank.

Sie will ... Euro abheben.

Sein Gehalt wird auf sein Konto überwiesen.

Auf dem Kontoauszug sieht sie, wie viel Geld sie auf dem Konto hat.

Er hat seine Girokarte dabei.

Können Sie bitte ... in ... wechseln?

Wie möchten Sie das Geld haben?

Das Konto kostet eine monatliche Gebühr.

Sie spart das Geld, das er verdient.

Er eröffnet ein kostenloses Girokonto.

In dieser Broschüre finden Sie alle Informationen, die Sie brauchen.

An diesem Schalter werden Sie beraten.

Sie muss ein Formular ausfüllen.

Er möchte eine Rechnung per Überweisung bezahlen.

Was bedeutet IBAN/BIC/Zahlungsempfänger/Kontoinhaber/Kontonummer?

Wie lange hat die Bank geöffnet?

Geld leihen und wechseln

Ich muss mir bei der Bank ... Euro für ... leihen.

Kann mir jemand ... Euro leihen?

Sie will das Geld morgen zurückgeben.

Kannst du mir einen ...-Euro-Schein wechseln?

Sie braucht Kleingeld.

Kontoführung

Sie hebt Bargeld am Schalter ab.

Er möchte seinen Kontostand kontrollieren.

Mit diesem Online-Formular kann sie Geld überweisen.

Mit der Girokarte kannst du bargeldlos einkaufen.

In diesem Laden kann er mit Kreditkarte bezahlen.

Die Bank hat eine Filiale in der Innenstadt.

Er macht seine Bankgeschäfte am Computer.

Wo muss ich unterschreiben?

Am Geldautomaten

Er möchte einen Kontoauszug ausdrucken.

Wenn der Geldautomat kaputt ist, kann ein Mitarbeiter Ihnen helfen.

Sie müssen die Bankkarte in den Automaten schieben.

Sie gibt die PIN-Nummer ein.

Hilfe bei Problemen

Ich habe meine EC-Karte verloren und sie gleich sperren lassen.

Er muss eine neue Kreditkarte beantragen.

Sie will sich gegen Kreditkartenbetrug schützen.

Er wird am Geldautomaten überfallen.

Die Überwachungskamera filmt den Diebstahl.

Lektion 12

Freizeit und Hobbys

Was machst du am liebsten in deiner Freizeit?

Abends möchte er in Ruhe abschalten.

Er interessiert sich für ...

Sie unternimmt viel mit ihren Freunden.

Wir gehen zusammen wandern oder klettern.

Er spielt Fußball/Basketball/Tennis im Verein.

Wir schwimmen und surfen am See.

Sie tanzt gerne Tango in der Tanzschule.

Ihre große Leidenschaft ist das Schachspielen.

Sie gehen in ein Restaurant/ins Theater/ins Kino.

Er schenkt ihr einen Gutschein fürs Kino.

Er singt in einem Chor.

Du gehst gerne zu Sportveranstaltungen.

Ich meiner freien Zeit reise ich gerne.

Sie macht viel Handarbeiten.

Ich entspanne mich beim Kochen.

Sie backen gemeinsam einen Kuchen.

Sie genießen die Zeit zu zweit.

Veranstaltungstipps

Die Band ... gibt ein Konzert.

Der Segelverein bietet einen Kurs an.

Auf der Messe können Sie Speisen und Getränke aus aller Welt probieren.

Genießen Sie die herrliche Aussicht.

Lassen Sie sich das Theaterfestival nicht entgehen.

Bei dem Kreativ-Tag werden schöne Dinge gemacht.

Der Zirkus bietet eine atemberaubende Show.

Der Schnupperkurs kostet ... Euro.

Es ist für jedes Alter etwas dabei.

Das Programm ist für Kinder/Jugendliche.

Anmeldung und Infos direkt bei .../unter ...

Das Sommerfest beginnt um ... Uhr.

Der Einlass für das Open-Air-Event ist ab ... Uhr.

Los geht's um ... Uhr.

Der Eintritt ist frei.

Die Veranstaltung ist fast ausverkauft.

Restkarten bekommen Sie an der Abendkasse.

Freunde und Familie einladen

Sie laden zu einer Grillparty ein.

Jeder bringt etwas mit.

Wir fahren alle zu einem Familienfest.

Wir verabreden uns für das Treffen im nächsten Jahr.

Sie nimmt ihn zu einem Campingwochenende mit.

Start in den Arbeitstag

Ich gehe ins Bad, putze mir die Zähne und dusche mich.

Er trocknet sich ab und zieht sich an.

Sie kämmt sich und föhnt sich die Haare.

Sie schminkt sich.

Ich frühstücke in Ruhe, das ist mir wichtig.

Er mag am Morgen keinen Stress.

Bildquellen

Cover: M+Isolation+Photo/stock.adobe.com; **U2:** ii-graphics/stock.adobe.com; **S. 4** Jan Kocovski/telc gGmbH; **S. 7** großes Foto: Jan Kocovski/telc gGmbH; untere Reihe: Rawpixel.com/fotolia.com; Oleg Doroshin/fotolia.com; agcreativelab/fotolia.com; **S. 8** Jan Kocovski/telc GmbH; Jeanette Dietl/fotolia.com; pixelrobot/fotolia.com; moonrise/fotolia.com; pixelrobot/fotolia.com; kir_prime/fotolia.com; **S. 9** oben: T.Sander/fotolia.com; innaso4inska/fotolia.com; sester1848/fotolia.com; unten: (1) robert/fotolia.com; (2) Mercedes Fittipaldi/fotolia.com; (3) olegganko/fotolia.com; (4) MP2/fotolia.com; (5) the_lightwriter/fotolia.com; (6) Oleg Doroshin/fotolia.com; (7) Khvost/fotolia.com; (8) Alexandra Karamyshev/fotolia.com; **S. 10** uwimages/fotolia.com; dimedrol68/fotolia.com; i-picture/fotolia.com; destina/fotolia.com; **S. 11** Family Business/fotolia.com; **S. 12** photocrew/fotolia.com; kath81/fotolia.com; ExQuisine/fotolia.com; Barbara Pheby/fotolia.com; ExQuisine/fotolia.com; mallinka1/fotolia.com; **S. 13** Alpha C/fotolia.com; **S. 15** großes Foto: Jan Kocovski/telc gGmbH; untere Reihe: eyeQ/fotolia.com; Kenishirotie/fotolia.com; Calado/fotolia.com; **S. 16** Jan Kocovski/telc GmbH; **S. 17** Rawpixel.com/fotolia.com; **S. 18** RioPatuca Images/fotolia.com; djama/fotolia.com; SdelMo/fotolia.com; thostr/fotolia.com; bilderzwerg/fotolia.com; thostr/fotolia.com; blende11.photo/fotolia.com; T.Michel/fotolia.com; **S. 19** Lars Zahner/fotolia.com; endostock/fotolia.com; contrastwerkstatt/fotolia.com; Nils Warkentin/fotolia.com; **S. 21** Coloures-pic/fotolia.com; Jan Kocovski/telc GmbH; **S. 23** großes Foto: Jan Kocovski/telc gGmbH; untere Reihe: klickerminth/fotolia.com; Monster Ztudio/stock.adobe.com; Jan Kocovski/telc gGmbH; **S. 24** ChantalS/fotolia.com; **S. 25** Monster Ztudio/stock.adobe.com; Monkey Business/stock.adobe.com; **S. 26** WavebreakmediaMicro/fotolia.com; klickerminth/fotolia.com; **S. 27** klickerminth/fotolia.com; **S. 28** Gorodenkoff stock.adobe.com; Kzenon/stock.adobe.com **S. 29** Prostock-studio/stock.adobe.com; Monster Ztudio/stock.adobe.com; EduLife Photos/stock.adobe.com; **S. 31** großes Foto: Jan Kocovski/telc gGmbH; untere Reihe: akf/fotolia.com; Alex Staroseltsev/fotolia.com; Gina Sanders/fotolia.com; **S. 32** Jan Kocovski/telc gGmbH; Tobias Hüfler/fotolia.com; **S. 33** vladstar/fotolia.com; Kenishirotie/fotolia.com; Nik_Merkulov/fotolia.com; Alex Staroseltsev/fotolia.com; akf/fotolia.com; fizkes/fotolia.com; Picture-Factory/fotolia.com; vadymvdrobot/fotolia.com; Oksana Kuzmina/fotolia.com; Creativa Images/fotolia.com; **S. 34** olly/fotolia.com; Minerva Studio/fotolia.com; **S. 35** Jan Kocovski/telc gGmbH; motorolka/fotolia.com; Thomas Söllner/fotolia.com; **S. 36** Monkey Business/stock.adobe.com; Kiattisak/stock.adobe.com; **S. 39** großes Foto: Jan Kocovski/telc gGmbH; untere Reihe: nmann77/fotolia.com; weyo/fotolia.com; contrastwerkstatt/fotolia.com; **S. 40** Rawpixel.com/fotolia.com; Jan Kocovski/telc gGmbH; **S. 41** weseetheworld/fotolia.com; eyewave/fotolia.com; vetkit/fotolia.com; **S. 42** GiZGRAPHICS/fotolia.com; Jan Kocovski/telc gGmbH; **S. 44** StudioLaMagica/fotolia.com; Picture-Factory/fotolia.com; paketesama/fotolia.com; Jan Kocovski/telc GmbH; Blend Images/fotolia.com; **S. 45** Andrey Popov/fotolia.com; Andrey_Lobachev/fotolia.com; **S. 47** großes Foto: Jan Kocovski/telc gGmbH; untere Reihe: Jeanette Dietl/fotolia.com; Sergey Nivens/fotolia.com; Westend61/fotolia.com; **S. 48** Minerva Studio/fotolia.com; BillionPhotos.com/fotolia.com; Minerva Studio/fotolia.com; christianchan/fotolia.com; viperagp/fotolia.com; byheaven/fotolia.com; **S. 49** st-fotograf/fotolia.com; Westend61/fotolia.com; Jeanette Dietl/fotolia.com; rubberball/fotolia.com; **S. 50**–51 Jan Kocovski/telc gGmbH; **S. 52** Westend61/fotolia.com; PhotoSG/fotolia.com; Waldemar Milz/fotolia.com; daniel180672/fotolia.com; **S. 53** Syda Productions/stock.adobe.com; Настя Короткова/stock.adobe.com; Тарас Нагирняк/stock.adobe.com; stokkete/stock.adobe.com; Viacheslav Lakobchuk/stock.adobe.com; Joshua Resnick/stock.adobe.com; JackF/stock.adobe.com; Ingo Bartussek/stock.adobe.com; **S. 61** (1) detailblick-foto/fotolia.com; (2)(8) Robert Kneschke/fotolia.com; (3) Henry Schmitt/fotolia.com; (4) Kadmy/fotolia.com; (5) Witschel Mike/MEV Verlag GmbH; (6) Sergey Ryzhov/fotolia.com; (7) Monkey Business/fotolia.com; **S. 64** Karl Holzhauser/MEV Verlag GmbH; GEWA Fotostudio/MEV Verlag GmbH; **S. 66** Andrey Kiselev/fotolia.com; Frank Merfort/fotolia.com; Syda Productions/fotolia.com; halayalex/fotolia.com; **S. 72** djama/fotolia.com; Dmitri Stalnuhhin/fotolia.com; **S. 120** Mara Zemgaliete/stock.adobe.com; Robert Kneschke/stock.adobe.com; Christian Albert/MEV Verlag GmbH; Sergii/stock.adobe.com; **S. 121** kuvona/stock.adobe.com; Karl Thomas/MEV Verlag GmbH; LIGHTFIELD STUDIOS/stock.adobe.com; Konstantin Yuganov/stock.adobe.com; **U3:** Vectonauta/www.vecteezy.com; pyty/stock.adobe.com; **U4:** BillionPhotos/stock.adobe.com; NAMPIX/stock.adobe.com; piyaset/stock.adobe.com; Prostock-studio/stock.adobe.com; fizkes/stock.adobe.com